おたすけ楽し

—『陽気』巻頭言集—

冨松 幹禎

おたすけ楽し

――『陽気』巻頭言集――

はじめに

養徳社の社長を八年間、勤めさせていただき、その間、月刊誌『陽気』の巻頭言を執筆した。

巻頭言は特集のテーマについて書くことになっており、テーマは編集会議で決まる。それ故、自分の書きたいことを書くわけにはいかない。しかも、二、三年に一回は同じようなテーマが巡ってくる。当初は僕にできるかなぁと案じたが、月一回の短い文章なので何とかなった。

しかし、字数に厳しい制限があるので、その中に収めるには最適の言葉を探し出す必要がある。その上、読者の心に何か一つでも共鳴してもらえる文言を紡ぎ出していかなければならない。

その頃は常に巻頭言について思案を巡らせていた。寝ても覚めても考えていると、結構、書くべきことが浮かんでくるものである。そして、逆に多くの言葉の中から厳選しなければならなくなった。しかし、思い切って削り落としていくと、スッキリとした文章になる。

執筆中はいろんな人々から応援の声をいただいた。「毎月、楽しみにしています」とか、「月々の信仰生活の指針にしている」など、もったいない言葉を届けてくださった。

社長に就任した頃、私は教会長を辞し、おぢばの大きな部署での役割も終わって、御用は神殿おたすけだけになり、おたすけに集中していた。これはかねてより念願していたことであり、系統を超えて多くの方々のおたすけ相談にのっていた。今もその状態は続いており、ありがたい限りである。本書の題名「おたすけ楽し」はまさに実感と言える。

多くの人から巻頭言をまとめて出版してほしいと言われていた。この本をわずかでも信仰の糧、おたすけに役立てていただきたいという思いから、巻頭言の後に、少し関連する話をつけ加えた。また、内容にあわせ、『陽気』のときとは題名を変えたものもあるので、文末に『陽気』掲載月号と題名を入れた。

本書が特に多くの教会長夫妻やその家族の方々、布教所長さんなどに愛読され活用いただければ嬉しい極みです。

令和七年一月

冨松幹禎

目次

第二章　親子・いんねん・たんのう

第三章　心の転換をはかる

第四章　日々の信仰を見つめて

表紙デザイン……石前　実

第一章

おたすけに一歩踏み出す

おびや許し

昔、お産は女の大役（大厄《たいやく》）と言われた。お産で苦しんだ人や出直された人もたくさんいた。教祖《おやさま》は我が身にためして、広くおびや許しをお出しくだされた。

ただ単に安産のご守護をされたのではない。生命が母親の胎内に宿り、無事に産まれるのは、人間の力でも、医者の力でも、科学の力でもない。生命の誕生は、この世と人間を創《つく》られた親神天理王命のなさることであるということを、目《ま》の当たりにお示しくだされたのである。

おびや許しは、ぢば・かんろだいで勤められる「おびやづとめ」という特別のおつとめに供えられた御供《ごく》（ご洗米《せんまい》）をいただくことである。妊娠六カ月を過ぎて、本人か、夫か、嫁ぎ先や実家の親が、おぢばに帰って願い出ると戴くことができる。

妊婦は三包みの御供のうち、さっそく一包みをいただく。「身持《みも》ちなりの御供」という、胎児の居住《いず》まいが正常で、出産の日まで母子ともに順調にお育てくださいとお願いをする。

二包み目は「早めの御供」で、産気《さんけ》づいてお産に間違いないとなれば直ちにいただき、時間を仕切って安産させてくださいと祈る。

三包み目は、お産もすんで一段落したらいただく。「治め、清めの御供」と言い、ありがとうございましたとお礼を申し上げる。出産によって生じた母胎の変化を元通りにしていただける。

たいないゑやどしこむのも月日なり
むまれだすのも月日せわどり
（おふでさき　六　131）

お産は親神様が許すと仰せられる。ひたすら親神様におもたれし、お礼を申し上げる心さえあれば、必ず安産をさせていただける。この道の信心の基本でもある。

なお、帝王切開による出産も親神様のお働きによることは言うまでもない。

（平成27年11月号　おびや許しの不思議）

別席

親神様は陽気ぐらしをするのを見て、ともに楽しみたいと思召されて、この世と人間をお創《つく》りになった。何人《なにびと》でも、明るく楽しく健康で生き甲斐のある陽気ぐらしができるはずだが、ここに大きな課題がある。それは人間一人ひとりに、心の自由を与えられたということである。心づかいによっては陽気ぐらしができないかもしれない。

そこで、親神様は元初まりに一つの約束をされた。最初に産みおろす子どもの数と同じ年限が経ったら、母親の魂の教祖《おやさま》をやしろとして、人間世界に現われ、陽気ぐらしできる心に生まれかわらすという約束があった。それが天理教である。

生まれかわりは、宿し込みの元のぢばに帰って、親神様・教祖と親子の対面をすることから始まる。

おぢばには親神様・教祖の思いを特別の部屋で聴く「別席」がある。別席はお産と同じお働きをいただくことができる。基本的にはひと月に一席ずつ聴いて、九カ月で満席。そして、十月目《とつき》に人をたすける効能《こうのう》の理であるおさづけの理を戴いて、ようぼくに生まれかわるのである。

ようぼくとは陽気ぐらし世界建設の用材、用木となる人のことである。男女の隔《へだ》てなく、貴賤《きせん》の差もない。世界一れつをたすけたいという教祖のお心を心とする人のことで、おさづけの理を戴いた人のことを言う。

別席は入信早々の人が聴く話ではない。国々処々で天理の教えを聞いて、なるほどと得心ができ、なお一層、道の理を治めたい、おたすけをさせていただきたいという人が聴く話である。

しかし、現実はにおいのかかった人を直ぐに別席へと誘《いざな》う場合が少なくない。導く者のきめ細やかなお世話が欠かせない。ともに別席を聴き、この話、この言葉は解るかどうかを常に気にかける。少なくとも「お誓いの言葉」に出てくる教語の意味は、事前に教えておくことが必要不可欠である。

（平成27年10月号　別席を運ぶ）

ようぼくはおさづけを取次ぎましょう

別席を運び、おさづけの理を拝戴したら、導いた教会長や先輩ようぼくはできるだけ早く、その日の内か、翌日には、誰かにおさづけを取次ぐように、世話取りをすることが絶対に必要である。おさづけの取次ぎ方、お願いの仕方、お手の振り方などを教え、自ら手本を示して練習をしてもらう。理の親の責任と言える。

そして、取次ぐ者の何でも救かっていただきたいという真実誠の心と、取次いでいただく身上者のありがとうございますという感謝の心が一つになると、本当に不思議なご守護をお見せいただけることを確信を持ってお話をする。

おさづけの理は、陽気ぐらしへのたすけ一条の道を歩む者へ教祖が「道の路銀」としてくださったものである。路銀とは旅費や必要な手立てということである。

それ故もし、ようぼくがおさづけを取次いでいないと、その人生はたすけ一条の道ではなく、陽気ぐらしへ向かっていないのかもしれませんね。

おぢば

世界に聖地と言われる所が数々ある。

他宗教では、神が約束した土地、宗祖が宣教、受難、復活した所、預言者が昇天した所、聖人が処刑された所やその墓所、聖母が現われ奇跡を行った所、あるいは、開祖の生まれた所、悟りを開いた所、初めて説法をした所、入滅した所などいろいろな聖地がある。

しかし、人類創造の、宿し込みの元の「ぢば」はここおぢばだけである。その証拠にかんろだいが据えられている。

ぢば・かんろだいを囲んでかぐらづとめが勤められる。かぐらづとめとは、十人のつとめ人衆が紋も型もない、どろ海より人間世界を創られた親神天理王命の働きの理を手ぶりに現わすつとめである。このつとめにより元初まりの不思議、珍しい守護が今に再現される。この理を戴いて全ての人々が、「ぢば」で陽気ぐらしのできる人間に生まれかわらせていただける。

おさしづで「……こゝに一つの処、天理王命という原因は、元無い人間を拵えた神一条である。……」（明治21年1月8日）と仰せられる。一つの処とは、「ぢば」で、天理王命の神名を授けられた所である。他にはない唯一無二の根源で、全てがここに帰一する。

世界中の人々がをやを慕って帰って来る親里である。元初まりに、女ひながたの役割をされた母親の魂のいんねんある教祖《おやさま》が、たすけてやりたい親心いっぱいで皆の帰って来るのをお待ちくだされているお屋敷である。

私たちは親神様の実の子どもであり、陽気ぐらしができるいんねんを持っている。赤子が母に抱《いだ》かれ無心にお乳を飲むように、信じきりもたれきって「たすけたまえ天理王命」とをやにおすがりすると、誰でも生まれかわり、たすけていただける所である。

（平成28年7月号　私を変えたおぢば）

理の仕入れ

教会長やようぼくの、たすけ一条の御用を商売に例えてみる。いったい何を売るのか。ご教理を売るとすれば、その店ははやらないだろう。お金を出して説教を聞きたい人はあまりいないから。

それでは何を売ればいいのか。これさえ買えば、どんな身上も事情も、必ずご守護いただけるという「たすかる理」を売るのである。すると、どんな辺鄙《へんぴ》な所でも、小さな借家でも、行列のできる店になるに違いない。

さて、お互いの所には、このたすかる理があるだろうか。初代の頃にはあったようだが、最近はとんと見たことがない。困ったものである。

魚屋さんは魚を売り尽くしたら、それで店を閉めるのか、そうではない。次の日、活き活きしたとれとれの魚を仕入れる。私たちも同じで、たすかる理が無ければ、直ちに、仕入れをする。問題はどこから仕入れるか。それは、人類創造の、たすけの根源である、元のぢばからである。あるいは上級教会を通してである。

仕入れとはどういうものか。魚など鮮度をきそう食料品の仕入れは、朝早く中央市場で行われる。競《せ》りは今から喧嘩が始まるのかと思うくらい勇ましく勇壮だ。教会長やようぼくもこのような勇み心と熱き思いをもって、おぢばや上級へ帰り、理の仕入れをするのである。

特に、ご守護のいただけない時こそ、仕入れを心がけたい。例えば、別席団参日は別席者をお連れして帰る日であるが、別席者をお与えいただけない時は、与えていただける理の仕入れに帰る日だと悟る。

おぢばでは、日々のつとめの足りなさをさんげして、しっかりと心を定め、まず、理立てのおつくしをする。さらに、初々しい青年のような心で、ひのきしんに心を込める。教祖《おやさま》は目を細めてごらんくださるであろう。


（令和元年10月号　おぢばがえりの思い出）

おぢばへ歩く

母は足が悪く、正座ができない。歩くときは足を引きずり気味であった。その母が大教会からおぢばまで約十二キロの距離を何度も歩いた。姉たちは「お母さんは何か心定めをしている」と言っていた。

私は教会長のとき、大教会創立百周年記念祭までの三年間に百回、徒歩でのおぢばがえりを決心した。月に三回のペースで歩けば達成できる。勇んで始めたが、数回歩くと、ダイエットや健康増進のためのウォーキングのように思えてきた。これではいけないと考え、道の両側の家々に、においがけのチラシを配りながら歩くことにした。

においがけでもあるので、ネクタイをして、服装を整えて歩いた。春秋や冬はいいが、真夏にネクタイをしての徒歩は大変だった。カッターシャツもネクタイも汗まみれになった。おぢばについて、おつとめを終えると、ネクタイには塩が吹いていた。

このおぢばがえりには一つの大きな楽しみがあった。ポストに入れるチラシの文章の後に、私の名前だけ入れて、住所も電話番号も書かなかった。

教語を使わない手作りのにおいがけチラシがまだ珍しかった頃で、毎週のように、チラシを入れる冨松幹禎とはどういう人間なのだろうかと興味を持ってくださる。

三年たって電話番号を入れると、あちこちから電話がいっぱいかかってきて、忙しいことになると期待していた。しかし、結果はほとんど電話はかかってこなかった。

がっかりしたかというと、そうでもなく、三年間、ワクワクしながらチラシ配りおぢばがえりができたことのほうが嬉しかった。その後、小学生の我が子を連れて歩いた。今、その子どもが成人して、我が子（孫）を連れて歩くようになった。


（令和3年6月号　おぢばを求めて）

たすけの旬　たすかる旬

教祖《おやさま》は子ども可愛い親心から二十五年先の命を縮めて、明治二十年陰暦正月二十六日、現身《うつしみ》を隠し、存命の理をもって、たすけ一条の道の先頭にお立ちくだされた。生き神様が亡くなり、世間では天理教はこれで終わりやと言った。しかし、逆に道は枯れ野に火を放ったように拡がったのである。

それまでは近畿かその周辺だったが、以降、教祖のご年祭ごとに、東は中部、北陸、関東、東北、北海道、西は中国、四国、九州、さらに海外へと伸びた。何万、何十万、何百万人という桁違いの伸展であった。

教祖から教えの根本精神を仕込まれ、おつとめに命を込め、おさづけの理を戴いた人たちが、全国でおたすけに立ち上がった。ご存命の教祖が先まわりをして、お働きくださったのである。

教祖の年祭の旬は、おたすけをする旬であり、たすけていただける旬である。

しかしながら、現実は、おたすけをしたことのないようぼくが少なくない。おたすけは苦労の道を通った初代会長や、信念のある特別な人がする名人芸のように思っている人がいる。

教祖がおつけくださったたすけ一条の道は誰でも通ることのできる道である。入信まもない人でも、おたすけはできる。人間の経験や能力でするものではない。

親神様がご守護をくださり、教祖がお連れ通りくださる御用である。ひたすら、親神様、教祖に祈り、願い込めばいいのである。つとめとさづけがたすけ一条の道と教えられる。どちらも祈り願い込むことである。

おたすけをしたことのない人は、毎日、親神様、教祖に、「私におたすけをさせてください」と、お願いをすることから始めよう。たすけ心が生まれ、おたすけ先が見えてきますよ。

（平成27年12月号）

おたすけで大事なこと

おたすけで一番大事なことは、的確な「おさとし」をすることだと思っている人が多い。しかし、「いくら言っても悟れない人だ。あれではたすからない」となって、おたすけにならないことがある。

お道の人はおさとしが好きである。逸話篇を拝読すると、教祖《おやさま》はいつもおさとしをしておられるように錯覚してしまう。しかし、教祖はここ一番という大事な時に、人の心の状態を見定めてなさるのである。

常は「よう帰って来たなァ」「難儀したなァ」「苦労したなァ」「危なかったなァ」「ひもじかったなァ」「さあ、これをお食べ」と親心いっぱいで迎え入れてくださる。その上でのおさとしなので、心の奥深くしみ込む。

人間の力で人間をたすけることはできない。親神様にお働きいただき、教祖にお連れ通りいただくから、おたすけをさせていただける。それ故、おたすけでは親神様、教祖へのお願い込みが基本中の基本となる。

毎日、「お願いづとめ」を勤めていると、ふっと心に浮かばせてくださる。「私はこうさせていただこう。あの人にはこうしていただこう」と。それをそのままお伝えする。浮かんでこない場合は、おぢばの声、旬の理をしっかりと受けていないからである。

おたすけでは「お世話」をすることが大きな比重をしめる。お世話とは身上、事情で苦しむ人の気分が良くなることをしてあげることである。家の掃除、買い物、ゴミ出し、病院への付き添いなど。最高のお世話は、心の中の苦しみや悲しみを全て聴いて受け入れることである。聴きだすけと言う。

「あなただけです。私の苦労や悲しさを解《わか》ってくれたのは」となり、おたすけに必要な信頼関係が構築される。それから、「おさとし」をすると、だんだんと心の入れ替えをしてくださるのである。

（令和3年2月号　心のおたすけ）

おたすけ奮戦記

おたすけが楽しい。そんな自分が嬉しくなる。やっと亡き母に顔向けができるようになった。母から「幹禎《もとよし》は口ばかりで、おたすけができていない」といつも言われていたから。

教会長を辞して十年近くなる。この間、おたすけの上でいろんな体験をさせていただいた。

数カ所の警察署に面会に行った。雨の降る中、独《ひと》りで刑務所からの出所を出迎えたことも。生活保護の受給のために市役所へ何度も同道した。児童相談所や養護施設へもたびたび通った。

お世話をしていた人が起訴され、国選弁護人が会いに来た。「天理教ではそこまでお世話をされるのですか」と感心されたこともある。

覚醒剤常習の若者を立ち直らそうと懸命になったが、全く歯が立たなかった。しかし、薬物依存症の何たるかを痛いほど肌身に感じた。更生についてのプログラムを真剣に勉強もした。

コロナ給付金を活かして、中学生の時に家を出て以来四十年振りに故郷へ帰る人を連れて、鹿児島へ向かったことも。

おたすけの大半の時間はこのようなお世話に費やされる。私がおたすけをする人たちの多くは、子どもの頃に親から虐待されたか、見捨てられた経験を持っている。

今、私たちは夫婦でおたすけの競争をしているようだ。お世話という点では妻に敵《かな》わない。今ではおたすけをしているようで、多くの人たちから喜びや勇みをいただいている。本当の親のように甘え頼ってくれる。

全生命をかけておたすけをした初代や先人に比べると、まだまだ、おたすけごっこのようなものだが、我が家にどんな大きな事情があっても、不安になりすぎず、いつか喜べる日が来ると楽観的になれるのがありがたい。


（令和3年9月号）

おたすけの輪が拡がる

「愛とはお互いに見つめ合うことではない。ともに同じ方向を見つめることである」とは、フランスの有名な作家の言葉である。

ある日、冨松さんに会いたいという年配の見知らぬ婦人が、小さな車を運転してやって来た。中を覗《のぞ》くと、助手席も後部座席も雑多な物やゴミでいっぱい。異臭さえする。車の中から窓越しに、「トミマツさんは女の人やが……」と怪訝《けげん》な顔をして、「今日は何も食べていない……」と縋《すが》るように言う。今は妻も誰もいないが、「ちょっと待って」と言って冷蔵庫やあちこちを探し、紙袋に何やかやを入れて渡してあげると、「ガソリンも少なくなっているので……」と言う。これだけあれば家に帰れるでしょうと千円を渡した。「困ったら、また来てもいいよ」と言って名前を聞くと「○○」と下の名前だけ言い、「ありがとう」と言うと車を動かした。

その出来事を帰ってきた妻に話すと、「○○さんと違う？　私も本部の駐車場で声を掛けられたことがある。可哀想なのでコンビニに走り、食べる物を買って渡すと、ガソリンもないと言うので、千円だけあげ、困ったら、また来なさいと名前と住所を書いて渡した」とのこと。偶然にも二人は全く同じ対応をしていたので思わず笑い、嬉しくなった。

私が神殿おたすけで知り合った婦人の教会長さんも○○○さんに会ったらしく、「先生も奥さんもそこまでされるのですね」と感心してくださった。それ以降、その会長さんは私たちを頼りにして、おたすけの相談によく来られるようになった。一つのお世話から次々と喜びが広がっていく一例である。

今では私のスマホには神殿おたすけで相談をしたり、お世話をした人たちが八十名以上登録されている。

（令和４年新年号　喜びを育てる）

フランスの作家の言葉と教祖の教えについて

世界的に有名なサン・テグジュペリはフランスの小説家で、代表作に『星の王子さま』がある。彼は「愛はお互いに見つめ合うことではなく、ともに同じ方向を見つめることである」と言う。見つめ合うのは出会った頃のことで、夫婦になると、それではうまくいかない。見つめ合う姿は対立の姿でもあるから。同じ方向を共に向くのが本当の夫婦である。さらに彼は「人間は充実を求めているのであって、幸福を求めているのではない」とも言う。充実とは自らの心の充実、すなわち心の成人ということであろう。なぜかと言うと、「本当の愛とはもはや何一つ見返りを望まないところに始まる」からである。

教祖はみかぐらうたで「ふうふ　そろうてひのきしん　これが　だいゝちものだねや」（十一下り目二ツ）、さらに「みれバせかいがだんく\と　もつこになうてひのきしん」（十一下り目三ツ）と仰せられている。夫婦が心を合わせて、もっこ荷うてひのきしんをする。それは欲を忘れ、同じ方向を向いて報恩感謝につとめる姿であり、夫婦が一つになってたすけ合う姿でもある。

真実は通じる

Ａ君は両親から愛情をもらえず、惨めな少年時代を送った。中学を出ると、人の世話で住み込みで働ける競馬場へ入った。しかし、基礎的な生活力が身についていない彼はいじめられるようになり、以後、流れ渡る生活をしていた。

四十六歳の時には別の競馬場にいたが、突然そこを遁走《とんそう》し、一昼夜、歩いて天理へやって来た。昔、聞いた、天理はいい所やでという話を思い出してのことである。神殿おたすけで出会った着の身着のままの姿を見て、私は生涯お世話をしようと決心した。

私は、Ａ君を連れてお詫びの挨拶に競馬場へ出向いた。上司の調教師さんは「居てもいなくてもいい人間だが……」と、破綻《はたん》した生活の様子を悪意まじりで説明した。私は、身一つで困っていたので、お世話をしていること、身の回りの物を持って帰りたいことをお願いした。

彼の部屋は三部屋もあるが、足の踏み場もないゴミ屋敷状態。私たちは意を決して片付け始めた。大きなゴミ袋が五つもできた。

一緒に来た人が、もう今日はこれくらいにして、明日、青年さんを連れて、また片付けるからと言うが、「いや、今日、きれいにしてしまわないといけない」と必死に作業を続けた。スーツを着てきたが、ズボンは泥どろになった。

様子を見に来た調教師さんは「ええっ、ここまで片付けたのですか」とびっくり。そして、勝手に辞めたのではなく、会社の都合で辞めてもらったと書類を書き換えてくださった。お陰で退職金や失業保険が増額され、市民税や健康保険料、年金などの滞納が見事に整理された。

今は、かつての収入の十分の一以下のお与えであるが、生涯、大教会にいたいと言っている。もう二十年を越えて、今も変わらない心でつとめている。

（令和4年2月号）

感情に共感する

皆さん方の身近にも、対人関係で生きづらさを感じている人、自分や他人を傷つけてしまうような人がいるのではないか。ようぼくはしっかりと、おたすけの手を差し伸べたい。しかし、うまくいかないことが往々《おう》にしてある。それは短絡的に忠告や助言をしてしまうからである。

心を病む人の心の奥底深くには、悲鳴のような感情が潜《ひそ》んでいる。それに気づかず、おさとしをすると、この辛い気持ちを少しも解《わか》ってくれないと思われる。魂（存在）から出てくる感情、くやしい、さみしい、悲しい、苦しい、という気持ちを無視されると、いくら正しいことを聞いても心に入っていかない。

おたすけで人の話をよく聴くことの大切さは、近年かなり強調されてきた。ところが、その聴くということがまだまだ不充分で、お門違いになっている場合が多い。困っている人は多弁で、苦労話や不足話を延々とする。価値観や信条を吐露《とろ》することもある。このような話は人から言われたこと、されたこと、本で読んだ知識など後から身につけてきたもので、また剥《は》がれていくかもしれない。それよりももっと根底にある感情は学んだり教わったものではなく、生まれつき持っているものであり、存在そのものから出てくるものである。

人間は感情の動物だと言われる。おたすけでは、その感情に共感することが何よりも欠かせない。それにより信頼関係が確立される。教祖《おやさま》は難儀な者の味がわかるように貧のどん底に落ち切られた。これはおたすけのおひながたの急所と言える。

教祖は人類の母親の魂をお持ちである。子どもたちの悲しい、苦しい、わびしい、腹立たしい、情けないという感情は痛いほどお解りになる。だから、教祖の仰せられるお言葉は何の抵抗もなく、心の奥深くまでしみ込む。教祖から存在自体に注意を向けてもらった人は、言いようのない安心感に包まれるのである。

（令和４年５月号　対人関係の悩み）

災害時のたすけあい

近年、地震、津波、火山の噴火、台風や洪水など自然災害が頻発《ひんぱつ》し、被害の規模が拡大している。

一方で、阪神・淡路大震災以後、ボランティアの救援活動が活発になってきた。中でも、本教の災害救援ひのきしん隊は行政にも理解され、全国各地での活躍は素晴らしいものがある。

ようぼくたちの中にも教会や有志の呼びかけにより、長期にわたって被災地で活動している人たちもいる。

翻《ひるがえ》って、教祖《おやさま》の教えられた「おたすけ」という観点に立てば、まだまだ心しなければならないことが少なくないようにも思われる。

私たちは物資的な援助はもちろんであるが、だんだんと精神的救援を主軸としたい。

国や自治体が手の届かない路地や一軒一軒の家、一人ひとりの心に対応するものでありたい。被災者を集団として捉えないで、個々の顔の見えるたすけ合いを目指したい。善意の押売りでなく、一歩下がって側に寄り添い、心の内を聴かせてもらう姿勢が大切である。

ようぼくは、あらゆる想像力や思いやりの心を発揮して、創意工夫する。そうでなければ、安易に「たすかって良かったですね」という言葉を口にしてしまうかもしれない。

被災者の多くは死ぬほどの体験をし、心的外傷後ストレス障害のフラッシュバックで悪夢にうなされ、閉じ込められた人を救けられなかった無力感、自分だけがたすかった罪責感《ざいせきかん》に苛《さいな》まれている。そのような人は、思い切り泣き叫ぶなど、感情の表出をしてもらうとよい。高齢者や子どもにも、励ましは慎むべきである。

常に、被災者の能力を尊重し、自己決定や自律への支援を心がける。まず人と人とのつながりの素晴らしさに気づいてもらい、だんだんと神さまのお働きを信じて、自立していただくのである。

（令和2年9月号）

おたすけのひながた

中山家は秋の収穫時《とりいれどき》に、作男を雇《やと》った。その中の一人の男、いたって怠《なま》け者で、みながが忙しくしていても、いっこうに働こうとしない。しかし、教祖《おやさま》はいつも「ご苦労さん」と優しい言葉をかけられた。作男はそれをよいことに、怠け続けたが、やがて申し訳ないと気づいて働き出し、後に人一倍の働き手となった。これは教祖が月日のやしろにお定まりになる前の話である。従って、厳密にはひながたとは言えない。

さて、「ご苦労さん」という言葉になぜそのような力があるのだろうか。

想像をたくましくすると、その作男は生まれながら親から愛情をもらうことが少なく、「生まれてこなくてもよかったのに」、「あっちへ行っておれ」とのけ者にされた。そのような育ち方をすると、かけがえのない存在という心は育たず、自己肯定感の乏《とぼ》しい人間になる。目標を立て努力する気力が湧いてこない。生きていても仕方ないと、辛く悲しい日々を送る。

教祖はその心の内をご覧になって、「さみしいね」、「悲しいね」、「辛いね」、「苦労をしてきたのやなあ」と作男の心に寄り添うように、毎日、語りかけられた。作男は人生で初めて苦しくさみしい心を受け入れてもらい、少しずつ自分を取り直し、前を向いて生きる心ができてきたのである。

怠け者を見て、「困ったヤツ！」「どうしようもない人」と思うのは、外見だけで判断しているのである。その人の心の内が解る。そこから、おたすけは始まる。

適応障害やうつ病、依存症、人格障害など、さまざまな心の病に苦しむ人が増えている。強い自己否定と虚無感《きょむかん》にさいなまれている人、心の偏《かたよ》りや歪《ゆが》みを持ち、険《けわ》しい道のりを歩んできた人など、今、たすけを必要とする人はいくらでもいる。

教祖のひながたを想い、心を病む人の「心」を共感的に理解して寄り添おう。

（平成30年5月号　教祖を想うとき）

さとし・さとりの道

おぢばの「おたすけ掛」の御用をさせていただいて十数年になる。近頃、思うことは、「おさとし」は頭で考えるものではなく、心に浮かばせていただくものだということである。もし、おたすけ相談のときに、浮かんでこなければ浮かんでくるまで、相手の方の状況や気持ちを聴き続ける。お願いづとめに心を込める。おぢばや上級教会からの旬々の理の声を真正面から受けていれば、必ず浮かんでくるものである。「諭《さと》するには諭するようの心の理が無ければ諭されん。何程諭したとて、曇りありては晴れん」（明治30・2・19）と仰せられる。

おさとしをする者は不断の「理づくり」が大切である。高慢の心、見栄《みえ》や体裁《ていさい》を無くさなくては、相手の方の心に治まるおさとしはできない。

低い優しい心で傾聴し、心の中のくもりをすっきり発散してもらう。濁水《にごりみず》にいくら清水を入れても澄まない道理である。

辛い、悲しい、苦しいという感情に共感的に理解してから、行動を促す言葉を伝えるのが順序である。教えの理は温かい情愛の中を流れて行く。

正論を言うことがおさとしになることは意外に少ない、というより、まずない。正しいことを正しく言うだけでは、「この苦しい胸の内を少しも解ってもらえない」となり、門前払いをしたようになってしまう。

「さあ〱一言《ひとこと》諭《さとし》は二言に取り、二言諭は三言に取る。そうすれば切なみの処三日のものなら二日と言う、二日のものなら一日と言う」（明治40・6・5）と教えられる。さとされる者はどれだけ真剣に大切に受けるか。その努力をしてこそ、教祖の先まわりのお導きがいただける。

「さとし」と「さとり」は表裏一体をなすもの。願わくは、さとし上手より、さとり上手でありたい。

（令和元年9月号）

救いの手は

万事休《きゅう》すと言う。

人生には、懸命に努力してもどうにもならず進退が窮《きわ》まってしまうときがある。身上に事情が二重《ふたえ》、三重《みえ》となり、八方塞《ふさ》がりとなる。まるで、ドロドロの泥沼に沈み込んでしまったようで、どこへ進めばいいのか見当がつかない。あるのは絶望のみ。

教祖の目からすると、身上・事情が恐ろしいのではない。ほこりにまみれ、たすかる方向が解らないのが恐ろしいのである。

窮《きゅう》すれば通ずと言う。

最悪の事態に陥《おちい》って、人間の力ではどうにもならなくなる所まで行くと、かえって活路が開けるものである。教祖《おやさま》は教えてくださる。天があいていますよと。

人間思案から全てに絶望すると、救いの手が差し伸べられる。我《が》の心からの行き詰まりは、陽気ぐらしへ方向転換をできる一歩手前と言える。

決して、ごまかしたり、途中で逃げ出したりしない。苦しさを忘れるために何かに依存しない。人に期待せず、目先の損得を度外視して、ひたすら親神様の御手にゆだねる。

元の理で道具衆がされたように、親神様に食べていただく。受け身に徹するのである。そこにどろ海からの創造の喜び、救済がある。

無力だから、神にもたれる心になれる。息をしているのが精いっぱいという弱々しさの中に神が出て働いてくださる。

ゆっくりでも諦《あきら》めなければ、けっこう進む。

あの絶望の日々があったから、今日の日があると解る。教祖がお連れ通りくださる。

初代の先生方はこのような節の中を生きられたのである。

（令和元年12月号　救いの手）

たすけ心のめばえ

私が教会長になる少し前、大教会役員で教会長の方が大病を患《わずら》った。一年間、おさづけに通う。しかし、その頃、「たすけ心」があったのかどうか疑問である。もうすぐ大教会長になる。立場上、おたすけに行くべきだ、皆が注目している、という意識のほうが強かったように思う。

布教の家で布教に専心する若者たちは、自分には「たすけ心」が無いのではないかという壁にぶつかる。周囲の人たちがおぢばへ人を導いて行く。自分もご守護をいただきたい。通い先の人に、おぢばに行って欲しい、別席を運んで欲しいと必死になる。よく考えると、自分は欲しいばかりで、たすかっていただきたいという心は無いのではないかと気づき愕然《がくぜん》となる。成長への重要な関門である。

おぢばの神殿おたすけにおいて、身上と事情がからみ合う難しいおたすけの場合、私は「人たすけたら我が身たすかると仰せくださる。おたすけをしてください。必ずご守護がいただけますよ」とお話をする。しかし、おたすけをしたことの無い人が多く、自分には無理だと思っている。

そのような人には、人間の力で人間をたすけることはできないが、親神様・教祖にお働きいただくと、おたすけをさせていただける。そこで「私におたすけをさせてください」と毎日、祈願をするように諭《さと》す。

連日、「私におたすけをさせてください」と願っていると「たすけ心」がめばえてくる。周囲に苦しむ人、悩む人のいるのが見えてくる。そして、その人たちのたすかりを毎日、お願いをする。これがおたすけの始まりとなる。

欲得をはなれ、人の目を気にせず、「たすけ心」になれたのは、私の場合、六十代になってからである。

(平成30年10月号)

心の病（その1）

昔、天理教が大きく伸びた時、おたすけの重要なテーマは、身上は肺結核で、事情は嫁姑の葛藤《かっとう》であった。

肺結核は、ペニシリンが発見されるまでは感染したら死に至る病で、家族でも近寄ることを恐れた。お道のおたすけ人は敢然《かんぜん》とおさづけを取次ぎ、おぢばにお連れしたのである。

嫁姑の事情は大家族の中での人間関係の相克《そうこく》であり、この問題を抜きにして、お話も「おさとし」もありえなかった。天理教は女性の悩みに真正面から向き合っていたのである。

さて、現代社会のおたすけの主要テーマは、身上は心の病であり、事情は夫婦、親子、家族の絆《きずな》の破綻《はたん》であろう。心の病は身上と事情がからみあい、難しいものになっている。

精神や神経や気分の障害はますます増え、悲惨な事件があとをたたない。幼少の頃に親から無条件の愛情をもらえず、母という安全地帯を持てなかった人は人格形成の上で障害を持つ場合が多い。

離婚は男女の生き方の問題であり、善し悪しを軽々しく論じられないが、一番の被害者は子どもが多い。夫婦、親子の破綻《はたん》は世代間で連鎖していくことがある。

心を病む人は、極端なマイナス思考をしがちである。誰もたすけてくれないと思ったり、小さな部分にとらわれるなど、考え方に特徴がある。「おさとし」をされたことにより、一層、自らを責め、深刻な事態になることさえある。

心の病のおたすけは、悩みや苦しみを優しく受けとめてあげることが基本となる。車のハンドルに遊びがあるごとく、心にゆとりが持てるように気長に寄り添うことが大切である。

おたすけ人は、決して見放さず、生涯おつき合いをする心を定める。お世話の方向としては夫婦、親子、家族の再構築をめざす。

（平成28年2月号　心の病のおたすけ）

心の病（その2）

心を病む人はいつの時代にも、どんな地域にもいる。文明が進むと、人間疎外《そがい》のストレスによる心の病は増える。私の目には医療が追いつかず、ただ薬を処方するだけの状態に見える。このおたすけは今、ようぼくに期待される大事なおたすけと言える。

お道は心だすけをめざす。どんな難しい身上・事情でも、心のほこりを払い、心の入れ替えをすれば、必ずご守護がいただける。

しかし、心の病のおたすけの特異性は、心自体を病んでいる場合が多いということである。本人は自己肯定感が薄く、生きる値打ちがないと感じている。「もっと低い心になりなさい」とか、「神様に毎日お礼を申し上げなさい」と諭すと、やはり自分はダメな人間だと一層思い込み、大変な事態になることもある。

心を病む人には、身近な人間関係が破綻《はたん》している場合が少なくない。修復ができるように、配偶者や家族に働きかけることが大切となる。

本人には、必ずたすけていただける。親神様の懐住まいのこの世は、大河の流れのごとく、とうとうと陽気ぐらしへ向かって流れており、ゆったりと浮かばせていただく心になればいいと気づいてもらう。家族の修復が不可能の場合は、教会やようぼく家族が家族になってあげ、生涯を共に通るという心を定めるのである。

しかし、心を病む人と絶えず共にいることは、こちらまで苦しくなり疲れ果ててしまう。

お世話の仕方や接し方には、専門家が常識としている基本的なことを学び、支援制度や種々のＮＰＯや自助グループ、家族の会などの支援を得る。一人で抱え込まず、社会資源を大いに活用して、気長なおたすけを心がけることである。

（平成28年10月号　心の病）

精神障害の人をお世話する時の心の持ち方

心を病む人は次のような特徴がある。

人間関係が下手である。「できません」「嫌です」など明確に自分の気持ちを言えない。

また、困っていることを人に相談しない。独りで抱え孤立してしまう。

何事でも緩急をつけるのが苦手である。頑張る時は頑張るが、休む時は思い切って休息するということができない。

心の病のおたすけは長期間になるので、おたすけ人は一人で抱え込まず、医療や福祉などの諸制度を利用し、入院も考えておく。入院はおたすけ人の敗北であると考える人もいるが、そうではない。病状が急性期のときは入院して治療を受け、病状が落ち着いて社会生活が可能になれば、また教会でお世話をするのである。他の身上の場合と同じように考えるとよい。

暴力的な行動や危険な動きが予想されるときは、事前に警察に相談しておき、場合によってはお世話になることも考えておく。暴れる人を入院させることは難しいが、警察が入ると措置入院が可能になる。措置入院とは精神障害により、自分を傷つけたり、他人に害をおよぼすおそれのある場合に、本人や家族の意思にかかわりなく、都道府県の知事の権限でする入院を言う。生涯を共に通るのであるから、柔軟に考えるのがいい。

心の病の人を抱えて通る場合、相談できる機関として「精神保健福祉センター」がある。お世話の仕方や利用できる制度について専門職の方が教えてくれる。

精神保健福祉センターは全ての都道府県や大きい都市にある。「こころの健康センター」と呼ぶところもある。

心の病（その3）

人類はかつて想定しなかったストレス社会に遭遇している。昼夜を問わない光の照射、溢《あふ》れる量の情報と商品、マネーゲームの異常な刺激、確かなことは変化だけという世の中で、脳は興奮し続け、ストレスは許容範囲を超える。意欲や感情の喪失により人と人との絆《きずな》は希薄になり、心を病む人は限りなく増えている。

お互いは、ストレスにうまく対応する方法を身につけることが必要である。ストレスによる心の問題を解決するには、自分一人で悩まないで、人の力を借りることである。しかし、心を病む人は、人に相談できない場合が多い。愛情の乏しい人間関係の中で、人に甘える機会が少なかったのかもしれない。

ストレスを乗り越えるのに重要なことは、心の安全地帯を持つことである。幼い頃の母親のような存在である。これを持っていなかった人は適応障害という初期の心の病になりやすい。

適応力は人の力を上手に借りる力とも言える。この力がないと何かに依存しやすくなる。アルコールや薬物、気分が高揚するギャンブルや行為、ネットやゲームのような疑似的対人関係に依存する。

おたすけ人は、これらの人の心の拠《よ》り所となることが求められる。感情を吐き出してもらい、曖昧な気持ちを言語化して考えを整理してあげる。いわゆる「聴きだすけ」が何にもまして重要となる。

そして、休養できる場を与え、不用意に励まさず、失敗しても責めず、根気よく見守る。説教をするのではなく、辛い感情に共感的に寄り添い、気持ちを引き出す。最終的な解決は本人自身でつけるしかない。いよいよ社会復帰という時に修養科を勧めるのがいい。

（平成31年4月号　心の病）

好きなことをおたすけに

花好きの畑に花が集まるように、好きなことを通して、「においがけ」はできる。しかし、ようぼくに成人していただくには、「おたすけ」の心がなければならない。

さて、好きなことを「おたすけ」に生かすことができるのだろうか。そのようなおたすけがあるとすれば、それは特異なことであろう。

人は好きなことで成功し、好きなことで失敗する。また、好きは敵《かたき》とも言う。

身上、事情のお手入れをいただくと、好きなことを断つ心定めをして神様にお願いをする。そして、人だすけという不得手なこと、避けてきたことに心の向きを変える。

おたすけは言葉や理屈でするものではない。趣味の共通でできるものでもない。人のことを我がことと思案し、厳しく自分を戒める。好きなものを手放すと、もっと大きい喜びが与わることをおたすけ人自らが示す。

ようぼくは、おたすけを好きになりたいものである。好きになれなくても、あまり苦にならなくなりたい。相手の方が親や家族のように慕い頼ってくださるようになると、少し楽しくなってくる。

今は、心を病む人が多い。

親から虐待され、仲間からいじめられ、自尊感情の乏しい人。自分を好きになれない人。生きるのを辛く感じている人。そのような人には、何か好きなことをしてみなさいと勧める。したいのに、いつも後まわしにしていることを、今やってみる。

好きな花を自分のために生ける。思い切って大好物を買って、おいしいなァと味わう。大自然の中で思い切り手足を伸ばす。そこから少しずつ自分を取り戻していく。

これは「好きなことをおたすけに」の特異なケースである。

（平成31年3月号）

おつとめとおたすけ

「人をたすけたら我が身がたすかる」と教えられる。どんな難しい身上であれ事情であれ、人だすけに真心を尽くせばご守護をいただける。

しかし、おたすけをしたことのないようぼくが少なくない。おたすけは特別な信念のある人、道の上で特別に苦労をした人だけができることだと思っている人が多い。おたすけは人間の能力や精神力、経験でするのではない。親神様がお働きくださり、教祖がお導きくださるからできる。ひたすら親神様、教祖にお願いをすればいい。それが「つとめ」であり、「さづけ」である。

ようぼくは毎日、おつとめをする。まず、かりもののご恩にお礼を申し上げる。次に、人だすけを誓い、その上で自分や家族の身上・事情のお願いをする。そして「私をおたすけにお使いください」と請い願う。すると、周囲に困っている人が居ることに気づく。その人のたすかりを願い、お願いづとめを勤める。

自分の身上・事情だけで精一杯なのに、その上、人様のたすかりを祈念する人は十人に一人、百人に一人もいない。親神様はきっとお受け取りくださる。おつとめはおたすけの基本となる。

ようこそつとめについてきた
これがたすけのもとだてや
（六下り目　四ツ）

おつとめは心を澄ます道でもある。今、この瞬間にも借金でどうにもならず、自死を考えている人がいる。我が子の事情で困り果て、生きることに行き詰まっている親がいる。そのような人にも、「なむてんりわうのみこと」と神名を唱えお願いをしてもらう。怖《こわ》いのは借金でもなく、子どもの事情でもない。ほこりだらけで、進むべき方向がわからないことである。

おつとめは心が澄み、真実のたすけにつながるただ一筋の道である。

（平成29年新年号　おつとめ）

お願いづとめとおさとし

私は教会長になった時、部内教会の誰かが倒れた、入院したと聞くと、いち早く、おさづけの取次ぎに出向くと決めていた。しかし、いつも大きな悩みにぶつかった。それは、あの身上は何のお知らせか、どういういんねんの自覚が必要なのか、どのような心定めをしていただくべきかということである。おさとしができなければ、頼りない会長だと思われないかと危惧《きぐ》したのである。

ところが、ある時、気がついた。おさとしは無理にしなくてもよいと。少しでも早く飛んで行って、「大丈夫ですよ。毎日、お願いづとめをしますから」と安心してもらい、おさづけを取次ぐ。それでいいのである。

相手の方が話を聴く心の準備ができている場合や、家族からどのように悟らせていただいたらいいかと尋ねられたら、お話をする。

無理やり頭で考え出して、一方的におさとしをすると、ただ、責められたという思いだけが残り、おたすけがおたすけにならない。

「きっと救《たす》けていただけますから」と声をかけて、おさづけを取次ぐ。そして、毎日、「お願いづとめ」に真心を込める。一週間、二週間、一カ月、二カ月と続ける。そうしていると、教祖《おやさま》はいつか、ふっと心に浮かばせてくださる。「そうだ、自分はこのように勤めよう。あの人には、このように努《つと》めていただこう」と。

心に浮かんだら、まず自らが実践する。相手の方には人間思案を捨てて率直にお話をさせていただく。

今、私は遠方でない限り、毎日おさづけの取次ぎに運ぶようにしている。「お願いづとめ」は毎朝、ぢば・かんろだいで勤め、教祖の御前で祈念をする。私には人を救ける力は皆無である。ひたすら、親神様・教祖に祈願するのみである。

（令和元年8月号　お願いづとめ）

たすけ心のこもったおつとめ

教会はぢばから、三つの理を許されて、その使命を果たすことができる。

一つ目は教会名称の理。ぢばの理がどこに出張《でば》るか。お目標《めどう》さまにお鎮まりいただく場所の理である。

二つ目は教会長の理。教会の芯となる会長はぢばから許された人がなる。人の理である。

三つ目は恒例祭日《こうれいさいじつ》の理。大祭や月次祭はぢばから許された日に勤める。時の理である。

この「場所と人と時」の三つの理の一つでも欠けると、いわゆる事情教会となる。正に教会はぢばの理を戴いて、おつとめをみ教えどおりに勤める所なのである。

私たちが国々所々で勤めるおつとめは、ぢば・かんろだいで勤められるかぐらづとめの理を戴いて勤める。皆さんは月次祭のおつとめは勿論、朝夕のおつとめを勤める時には、かぐらづとめの理をしっかりと戴いていますか。意識するか否かにかかわらず、確かに理を戴いているのである。

かぐらづとめは十人のつとめ人衆が、親神様がない人間ない世界をお創りくださった十全の守護の理を手ぶりに現わして勤める。南無天理王命の「みこと」と唱えるときに、それぞれが役割どおりに十柱の神様のお働きの理をふる。一方、私たちのおつとめは全員「みこと」の時に手の平を上に向けて受ける手をする。確かに戴いているのである。

おつとめはたすけ一条の道として教えられた。もし、おつとめ奉仕者にたすけ心が無いと、そのおつとめは気のぬけたビールのようになってしまうのではと案じる。教祖《おやさま》は「心定めの人衆定め」と仕込まれ、命捨ててもの心の定まった人たちによって勤められた。私たちも何でも救かってもらいたいと、おたすけ先の人の名前やお願いの筋《すじ》を具体的に心に念じて勤めなければならない。

（令和4年10月号　おつとめ）

第二章
親子・いんねん・たんのう

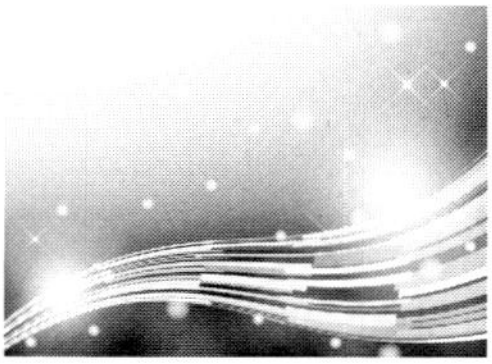

親孝行（その1）

昔、見た光景。大教会の神殿の軒下で鳩が卵を生む。青大将が樋《とい》をつたって登り、卵を狙《ねら》う。親鳩は壮絶に戦いを挑《いど》み、蛇はついに落下。親が命がけで子どもを生み育てるのは、人間だけではない。しかし、動物は懸命に育ててもらっても、親が今、生きているのか、どこにいるのかさえ知らない。知ろうともしない。

親の恩を知り、親に孝行をできるのは人間にだけ与えられた心である。それ故、人間だけが陽気ぐらしができるのである。

月日よりたん〱心つくしきり
そのゆへなるのにんけんである　（六　88）

天理教の信仰は人間・世界を創り、今もお守りくださる親神様の果てしない親心と尽きせぬご守護に対する、すなわち、「元の理」に対するご恩報じの信仰と言える。親孝心は「元の理」より出てくる信仰であり、親への孝心は月日親神様への孝心と受けとってくださる。

親は限りない親心を持ち、子どもは親に喜んでもらおうと孝心を尽くす。親子の関係が難しいときには、どちらも「たんのう」の心を治める。実の親子はもちろん、信仰上の親子についても、同様に考えるのがこの道の信仰の要諦である。

一方、発達心理の観点からすると、乳幼児期に母親から無条件の愛情をうけて、初めて安定した愛着が形成され、親孝行のできる人間になる。無限の愛情の中に育たないと、子どもは心を病みがちになり、自己肯定感が低く、人を信じられず、生きづらい人生を歩むことになる。

親孝行の発揚《はつよう》には、親たる者は温かい親心があるかどうか、その大切さを再認識する必要がある。「子供十分さしてをやが楽しむ。子が成人してをやが大切、楽しみと楽しみと、という」（明治28年11月14日）

（平成29年11月号　親孝行）

親孝行（その2）

自分は親孝行だったかどうか振り返ってみる。多少の心配をかけたことはあるが、親不孝までは……。しかし、その多少の心配の真っ只中では、親は生きた心地《ここち》がしなかったのではないか。あるいは、親が何か助言しようとしても、「うるさいなァ」と邪《じゃ》険《けん》に言ったことは数え切れないほどあったのでは。

一方、嫁いだ娘が「お父さん、ありがとう」と会うたびに言ってくれる。素晴らしい夫にめぐまれて、勇んでお道を通っている姿を見聞きするほど嬉しいことはない。親孝行は心で思っているだけではなく、言葉や態度に表すことが大切である。「お父さんの○○がすごいね。僕も真似をしたい」、「お母さんの○○が好きよ。私も努力するね」と。

親の苦労話をするのも大きな親孝行。陰で親が聞いていたら涙なしにはおれない。反対に、親に無念残念の思いをさせ、今は親は亡く、お詫びもできない人は、この道に誠真実を尽くすこと。親不孝というむほんの根は切れる。

五ツ　いづれもつきくるならば
六ツ　むほんのねえをきらふ　（二下り目）

逆に言うと、親不孝の最たるものは、道から離れることである。

先人は、親への孝心は月日への孝心と受けとってくださると言った。そうだとすると、親孝行はこの道の信仰を極《きわ》める行いということになる。

親孝行は決して古い道徳ではない。いつの時代でも、どんな国においても、陽気ぐらしに欠かせない大事な要素である。

親子関係は人間関係の重要な基盤の一つである。愛情いっぱいに育てられ、そのご恩に報いる生き方。親孝行ができるほど幸せな人生はない。


（令和元年6月号　私の親不孝）

子に遺すもの

おさしづで、

　身の内かりものなら、何か一切かりもの。（補遺　明治32・6・1）

と仰せられる。我が子も親神様からのかりもので、親は親神様を通して、我が子とつながっている。

親がいくら徳を積んでも、その徳を子どもに譲《ゆず》ることはできない。初代が苦労の中、ひと筋の道を通り大きな徳を積んでも、出直すとその徳を持っていき、何代目かに生まれかわってくる。子どもは一かけから徳積みに励まなければならない。

親は我が子に何も遺《のこ》してやることはできないのか。徳は遺せないが、徳積みの大切さと積み方は教えてやれる。子どもは自らの徳を自ら積むのである。

教祖《おやさま》が私たちに教えてくださったのは、陽気ぐらしへの道である。それは神一条の道であり、たすけ一条の道である。

教祖はこの道を教えるために、不自由をしても、人に笑われても、損をしても結構と喜ばれた。この生き方を「ひながた」と道の子は慕《した》う。

親が人だすけの上に懸命に通る。その道中、子どもたちは不自由な思い、辛い体験をする。友だち皆が持っている物でも買ってもらえない。着るものはいつもお古《ふる》ばかり。せつなく不憫《ふびん》な時代を歩むこともある。ここで大事なことは、親が子どもに丁寧に優しく説いて聞かすことである。

子どもは思春期を過ぎ、自分の将来を考え、人生を思案するようになると、親の通ってきた道はいかなるものかに思いをめぐらす。その生きざまが尊敬に値するものであれば、子どもの頃の苦労や体験はかえって宝物となる。苦労が大きければ大きいほど、喜びと誇りは大きくなる。

親が子どもに遺すものは、親の生き方である。

（平成29年2月号　子に残すもの）

親と子の真剣勝負

親は生涯に一度か二度は、我が子と真剣勝負をしなければならない。

私には、小学校低学年の頃の「二十円事件」という思い出がある。

近くの寺院の祭礼にたくさんの露店が出る。吹き矢売りの口上が面白く、友だちと買おうということになった。一つ二十円。友だちは材木屋の一人息子で百円持っている。私は一円もない。友だちは家に帰ってもらってこいと言う。お金なんてくれるわけがないと思ったが、一応走って帰った。母は会議中で、小さな声で何度も手まねきをしたが、怖い顔をするだけ。仕方なく、姉の引き出しにあった三十円のうち、二十円をポケットにつっ込んで飛び出した。

夕暮れにお腹をすかして帰宅。玄関に入るなり、「幹禎《もとよし》、ここに来なさい」と怖い声で迎えられた。暗い部屋に正座をさせられ、「泥棒のような真似をして。お母さんは情けない……。座っときなさい。今日は晩ご飯はなしや」と弁明の余地を与えず立ち去った。姉が出て来て、「お母ちゃん、おつとめをしてはるで」と言う。

かなり時間が経って母がやっと現れた。点灯すると私の前に座る。様子がおかしい。母は泣きながら、「お母さんが悪かったのや。幹禎、許してや。神殿ふしんのこんな大事な旬に、もっと徹底して通らなあかんのに、徹し切れなくて。お母さんが悪かった……」と涙声で私に詫びる。この時、初めて、「お母さんをこんなに悲しませるようなことをしてしまったのか」と解った。母と子の真剣勝負。

親は子に諭し解らせることに真剣になる。しかし、勝負の相手は子ではなく、自らの心である。真実の生き方を自らに求めるのである。

教祖は「真実の理を見た限り、親のあと子が伝う」（明治26・6・21）と教えられる。

（平成30年3月号　子どものおたすけ）

親子関係のつまずき

子どもが大人に変化し、成長する思春期は親から自立を図《はか》る時期であり、反抗的な態度に親は戸惑う。しかし、この親子関係のつまずきは、成長にとって必要なものである。何の問題もなく、良い子であり続けるほうがかえって心配である。

思春期は親からの愛情が豊かであると、通過が早いと言われている。ところが心を病む人の多くは、親から充分な愛情をもらえずに育っている場合が多い。愛情不足や否定的な愛着（虐待）を受けた人の人生には、うっすら陰が覆《おお》う。

母と子の情愛は、決して対等ではない。子どもにとって母親は唯一無二の存在であるが、残念ながら、母親にとってはそうでないこともある。

母子関係に基本的安心感があると、子どもは自分や世界を無条件に信じ、何があっても誰かが助けてくれると楽観できる。この安心感は、生後一歳半から二歳頃までに形成されるという。

親子関係のつまずきは、親が本気になって問題を理解しようと、子どもへの接し方、考え方を変えることで回復することもある。しかし、そのような親は多くない。親自身が大なり小なり心を病んでいる場合もあるからである。

親が変わらなくても、子どもが大人になるに従って回復していく場合もある。それには親代わりになってくれる人、安全地帯となる存在が必要である。おたすけ人の役割がそこにある。

親に反抗する思春期が大人になるのに不可欠なように、親子関係のつまずきで心を病む人は、何歳になっても親を批判し反抗する時が必要となる。

その時は親は子どもの言葉に耳を傾け、どこで傷つき、何に痛みを感じてきたのかを心から受けとめる。それだけでいい。自分を弁護せず、苦しみを共有する。一緒に泣き、涙で傷口を洗うのである。おたすけ人の心得でもある。

（平成30年11月号）

親と子どもは同い年

我が子が何を悩んでいるのか、知らない親が意外に多い。

親は子どもへの気配《きくば》りはもちろん、その気配《けはい》を感じとらなくてはならない場合もある。「困った子ども」は「困っている子ども」なのである。

子どもの節は大切な学びの旬《とき》である。遠まわりをしたり、ゆっくり歩いて、初めて見える景色がある。

真の愛情とは、あるがままを受け入れることである。親の思いを解らせることよりも、まず子どもの心を理解する努力が大切。それには親夫婦の心が一つになることが欠かせない。

親と子どもは同《おな》い年《どし》と言える。十歳の子どもの親は、親になって十年である。親といえども成人途上にある。教祖《おやさま》がご覧になると、半歩か一歩先を歩いているにすぎない。子どもを期待で、がんじがらめにしていないか。期待は落胆や愚痴と紙一重。期待は自分にこそすべきである。

親はよく間違う。よかれと思ってしても、子どもを傷つけていることがある。ようぼくとしても欠点だらけのお互いである。だから許してほしいと祈るような思いで子どもに接する。

どんな大変な問題でも、涙目で見てはいけない。感情が強すぎて、真実が見えなくなる。

まず、教祖におすがりする。お願いづとめに心を込める。その上で、子どもに対応する。

自らのさんげと心定めを解りやすく丁寧に話す。その時はいくら涙目であってもいい。子どもは親を悲しませたことを知り、人生で初めての気づきができる。

そして、親自身が成長していく姿を見せたい。これでこそ信仰者の子育てである。

（令和2年10月号　子どもの節）

子育てで、イライラしないために

子育てでのイライラの原因は、子どもが原因でないことが意外に多い。台所や家の中が散らかっている。夫とのちょっとした諍《いさか》いなど、親自身のイライラが子どもに向けられている。

子どもに対しては、大目に見る、気長に待つ、ゆっくりと聴く、とことん付き合うということを心がけよう。子どもに対して常に、笑顔を見せる。特に言うことがなくても、笑顔を向ける。子どもにとっては自分を認めてくれているというサインになり、子どもの自己肯定感が高められ、親の期待に応えてくれる。

そして、常に子どもに対して感謝の言葉、「ありがとう」を言う。子どもに頑張ろうという意欲が湧いてくる。これは生まれてきてくれて、ありがとうという心から出てくる言葉である。親神様に対する感謝、ご先祖様に対するお礼の言葉でもある。

不登校

子どもの不登校で悩む母親から、よく相談を受ける。ほとんどの場合、親の対応に問題があるようだ。

「なんで学校へ行かないの」と原因さがしをして説教ばかりする。味方同士であるべき母と子が敵対関係になってしまう。本当の原因の解決とならないところで親子が葛《かっ》藤《とう》しているのである。

親は一喜一憂せずに、ちょっと立ち止まって、深呼吸をする。季節の香りを感じるような余裕を持つ。

まずは子どもを安心させることから始めよう。

子どもは学校という戦場で敗《やぶ》れ、心身とも傷だらけで疲れ果てて逃げてきたのである。体力や学力が少し足りない、人と協調する能力が充分でない。そのために小さな嫌なことが無数に積もり重なって、ついに動けなくなったのだ。

しかし、親は「学校へ行かないと、いい仕事につけないよ。将来はホームレスになってしまう」と絶望的なことばかりを言う。子どもは心を閉ざすしかなくなってしまう。希望と自信が欲しいのに。

子どもに自信をつけるには、ほめ言葉を毎日、シャワーのように浴びせるのがいい。「あなたが生まれてきた時、お母さんは世界一幸せものだったよ」「歩き出した時は、足音を聞くだけで嬉しかったのよ」と。

不登校は親も子も成長する好機である。

独り立ちができるように育て直しをする。親自身が生きていることに感謝し、困難から逃げない姿勢を示す。道を切り開いていくナビゲーターになり、子どもに体力、学力、コミュニケーション能力を少しずつつけていく。

親にとって子育ては、自分育てでもある。教祖《おやさま》はようぼくとして一段の成人をお待ち望みくださっているのである。

（令和3年8月号　子育ての悩み）

ひきこもり

猿に餌をやると、独《ひと》り陰で食べる。顔を見合わせては食べない。食物を前にすると、動物は闘いになる。

人間は親しい者、まして家族が集うと、食べ物や飲み物を分けあってなごやかに会食をする。この子はこれが大好きだから少し多くあげよう。お父さんは力いっぱい働いてきたから、たくさんどうぞと心配りをする。思いやりの心はこうして生まれる。

今では絆が損《そこな》われ、団らんどころではない家族が多い。会話さえ難しい親子がいる。「社会的ひきこもり」が増えている。

子どもがひきこもり状態になると、親や家族は居心地よく寛《くつろ》げて安心できる家庭になるように心がけるのが鉄則である。

逆説のようだが、本人は挫折の連続で将来に対して強い不安がある。何とかしなければと焦っているが、どうにもならない状況に陥《おちい》っている。安心できる母港があると、勇気を出して荒海にも船出ができる。

家族に問題が起きたときは、何よりも会話が大切である。まずは親夫婦の話し合い。そして、親子の話し合い。これがなかなかうまくいかない。家族の中ではわがままが出てしまう。一度失敗をしても、ねばり強く何度も話し合いを呼びかける。

まず、挨拶から始めるのがいい。「おはよう」「いってきます」「ただいま」「おやすみなさい」。毎日の大切な儀式と考える。

家族の話し合いで大事なことは、お互いに解っていると決めつけず、心の中の全てを聴こうとする姿勢である。正論や叱咤《しった》激励は良くない。家族団らんには、家族全員の努力が不可欠である。特に、男性の協力が欠かせない。

(平成28年12月号　家族団らん)

「社会的ひきこもり」で会話さえ難しい家族へのおたすけ

「社会的ひきこもり」とは、特定の病気や障害ではないのに、学校や仕事に行かず、家族以外との親密な対人関係もなく、六カ月以上ひきこもっている状態を言う。女性より男性のほうが圧倒的に多い。

今では「８０５０問題」という言葉がある。ひきこもる息子が中年になり、その親が八十歳代という高齢で、社会的に孤立し、生活が立ち行かなくなっていく問題である。

ひきこもる本人はただ怠《なま》けているわけではない。ひきこもりが長くなると社会的経験も乏しくなり、ますます復帰が難しくなっていく。

原因は大小さまざまなつまずきが幾重にも重なり、完全に自信や気力のなくなった状態である。

母親が悪い、父親がいけないと犯人さがしをしても意味がない。犯人さがしや原因を追究するよりも、これから本人のどういう点を伸ばしていくか、家族はどのように応援するかを考えることである。

家族は毎日、ひきこもる子どもの様子を目を皿のようにして見ている。そんな緊張状態では皆が疲れてしまう。それよりも親は各都道府県や政令指定都市にある「ひきこもり地域支援センター」や「ひきこもり家族会」などへ出向いて学習し相談を心がける。

まず、親夫婦が心を一つにする。お道の家族なら、親は教会へ日参をしてお願いづとめをする。ひのきしんや人だすけなど何か心を定めて勇み立つ。ひきこもっていても子どもは親の動き、気配に注目している。親の勇んだ姿は、子どもの心へのエネルギーの注入となる。

里親

世の中には親に見捨てられた子どもや、いろいろな事情で家族と一緒に暮らせない子どもが数多くいる。社会的養護がなされ、その一つとして、里親制度がある。

そういう子どもの五割以上が里親に育てられている欧米に比べて、日本はまだ八割以上が施設養護であり、里親は二割弱にすぎない。家庭的な雰囲気の中で、少人数を手厚く養育できる里親やファミリーホームの重要性が高まっている。

お道の教会は里親に適している。建物の広さ、里親となる教会長夫婦の心、教会家族という伝統、こどもおぢばがえりや少年会活動、学生生徒修養会、さらに修養科という成長のプログラムがあり、天理教里親連盟の支援も得られる。

もちろん、里子に宗教を強制してはならない。しかし、里親の姿を見て自発的に信仰生活にとけ込む例は枚挙にいとまがない。教会では自然と役割が生まれ、居場所ができてくるのである。

今、子どもへの虐待が大きな社会問題となっている。虐待は親から子、子から孫へと連鎖する。この連鎖を断つには、その子一代に親心の限りを尽くすことにより可能になる。経験や多少の専門的な知識も必要だが、天理教の里親なればこそできるおたすけがそこにある。

死に至っても不思議でない環境を生き抜いてきた子は、人生をかけて里親を必要とする。自分を本当に思ってくれているかを試す問題行動を起こす。その時に、どこまで親心を持って愛情を注げるか。

教祖《おやさま》は「人の子を預かって育ててやる程の大きなたすけはない」と仰せられ、「世話さしてもらうという真実の心さえ持っていたら、与えは神の自由《じゅうよう》で、どんなにでも神が働く。案じることは要らんで」と励まされている。（稿本天理教教祖伝逸話篇八六「大きなたすけ」）

（平成29年7月号）

もう少し詳しく里親について解説すると

保護者の出直し、病気、家出、離婚、あるいは保護者に育てられることが適当ではないと思われる事情などで、親と離れて乳児院や児童養護施設などで生活している子どもが日本にはまだ四万五千人ほどいる。そのような子どもを一時的あるいは継続的に自分の家庭へ迎え入れ、さまざまな支援を受けながら愛情豊かに養育するのが里親である。

里子は十八歳（高校生）までが対象であったが、二〇二四年四月に年齢上限が撤廃された。月々、里親への手当てや養育費（生活費、教育費、医療費）などの支援がある。また、特別養子縁組の制度もある。

日本は欧米に比べて里親制度はかなり遅れている。例えばオーストラリアは九十三パーセント、アメリカは七十七パーセントが里親家庭で養育されているのに対し、日本は十八パーセントにすぎない。ほとんどの子どもが未だ乳児院や養護施設で暮らしている。

子どもにとって生活の場を安心、安定させることはとても大切である。親代わりになる人の家庭に受け入れられ、愛情いっぱいに育てられることで、自己肯定感が育ち、人を信頼する大人に育つことができるのである。

養徳社のユーチューブ「陽気チャンネル」で里親や里子経験者のお話が配信されている。ぜひご覧ください。

いんねんの自覚

近頃は「いんねん」の教理があまり説かれなくなったように思う。陽気ぐらしの天理教だから、暗く恐ろしい「いんねん」の話はしないほうがいい。悪くすると、人権問題になると言う。

しかし、教祖《おやさま》が教えられた「いんねん」の教えは決してそのようなものではない。「いんねん、いんねんというは心の道、……」（明治40・4・8）と仰せられる。親神様が人間と世界を創られた時、身の内にも世の中にも、陽気ぐらしができる全てを整えられ、自由に使える心を与えられた。心どおりに必要な時に必要なものをお借りする。もしお借りできなかったら、心づかいが悪いのである。そこで、親神様は陽気ぐらしへ誘《いざな》うために、心のお手引き、心のお導き、心のコントロールをしてくださる。そのお働きが「いんねんの理」である。

「いんねん」は本来、悟りの教理であり、自覚することが大切である。いんねんがどのような姿で、いつ現われるかは、親神様が一人ひとりの前生、今生、来生を見通され、深い思召と大きい親心からのことである。

個人のいんねんの悟りを普遍化して、「○○いんねん」と人を責めるような諭しは厳《げん》に慎まなくてはならない。

「いんねんの自覚」はなぜ、大切なのか。それは信仰の出発点であるから。自覚があやふやならば、信仰もあやふやに終わる。

また、おたすけの確信につながる。

先人たちの白熱の信仰の根底には、いんねんの自覚があった。

さらに、縦の伝道の要諦《ようてい》とも言える。苦労がいやだからとお道から離れても、いんねんなら「……通らねばならん、又、通さねばならん」（別席のお話）と仰せられる。お道から離れると易きに流れ、いんねん納消《なっしょう》の道が難しくなる。

（平成28年6月号）

種と苗代（いんねんと徳）

人は過去にまいた種、育てた苗代にふさわしく、今の与えを戴く。種の理から「いんねん」を悟り、苗代の理から「徳」を思案する。

種は「旬々の理を見て蒔《ま》けば皆実《み》がのる」（明治22・7・31）と仰せられる。残りものや腐りかけたものではなく、「選《よ》ってくゝ選《えら》んでくゝ」（補遺　明治26・10・12）、良き種を旬にまく。

種をまけば修理が必要である。まき流しではなく、「あちら一人育て、こちら一人育て」（明治29・10・10）て、心を込めて丹精をしていると、旬が来れば必ず良き芽が生え育ってくる。

良き種は見せびらかさず埋《おぼ》っておく。悪しき種は掘り出し、人に笑ってもらうと枯れる。そして、良き種にまき替える。

夫婦そろってひのきしんをすると、良き「ものだね」となる。

欲を忘れてひのきしんをすれば、「こえ」となって苗代は肥《こ》え、豊かな実りをいただく。

世の中を見ると、人をだまし蹴倒《けたお》して我欲の限りを尽くすのに、病気もせず、豪勢に暮らす人がいる。一方、お道を真面目に真実を込めて通っているのに、家族に事情を見せられたり、身上をいただく人がいる。一見すると理不尽に思う。問題は、どこに目をつけるかである。

信仰者はその人が今、どのような種をまき、どのような苗代作りをしているかをしっかりと見る。将来の姿が決まる今の通り方の如何《いかん》に注目するのである。

苦労の道中こそ、誠の種をまくチャンスである。「難儀不自由してこそ理の種」(明治30・10・12)と仰せられる。「やしきハかみのでんぢ」と仰せられ、神の田地にまいた種は施肥《せひ》をせずとも、必要な時に必要なものをお与えくださる。

ぢばに真実を尽くすことが究極の種まき、苗代作りとなる。

(平成29年9月号　種蒔き)

初代の信仰

大きな教会の礎《いしずえ》を築いた初代会長は、身上・事情の珍しいご守護をいただいた人もいるが、決して特別なものではない。他の多くの人もいただいている。不思議を見て感激しても、確固たる道をつける人は稀《まれ》なのである。

大教会の初代の多くは、奇跡を見せていただいたというよりも、教祖《おやさま》のたすけ一条の生き方に感動し、自分もそのような人生を歩みたいというところから始まっているように思う。

なに不自由のない中を、人をたすけるために全てを施し尽くし、貧のドン底から、「みなせかいがよりあうて　でけたちきたるがこれふしぎ」（三下り目　三ツ）と仰せられるように、今のおぢばの姿に成ってきた。そのお方が現におられた。その万分の一でも通りたいというのが初代の信仰の根幹をなしている。

そのような初代でも、心を入れ替え生まれかわり、以降、真一文字に一筋の道を通り切ったのではない。いつしか心が緩み、人間思案から、横道に逸《そ》れてしまうこともある。しかし、お手入れいただくと、スパッと本道に立ち返る。また、逸れかかっても、旬の理を受けて鮮やかに本道に戻る。見事な心のさばきと言う外《ほか》ない。そこに初代の信仰の神髄がある。

信仰の出発はいんねんの自覚にある。これが不充分であると、信仰も、たすかる道も不充分に終わる。

いんねんの自覚は個々のいんねんの自覚と納消《なっしょう》の努力から、元のいんねんの自覚へと至る。それはたすけ一条のようぼくとしての自覚と言える。おたすけ人の誕生である。

苦しむ人に解答を与えることが、おたすけの本義ではない。共に苦しみ、共に通ることが、おたすけの根底をなす。

多くの人を抱え、教会家族として歩む。初代の道の典型がそこにある。

（平成30年7月号　信仰初代）

ふしを乗り越えて

竹は成長の早い植物である。上に伸びるだけでは自身を支えきれない。節々があるので雪の重みや強風に耐えられる。樹木が大きくたくましくなるには冬の厳しさをくぐり抜けなくてはならない。内に硬い年輪を刻《きざ》む大切な時である。

親神様の懐住まいには、とり返しのつかない不幸はない。絶望というものもない。おさしづで、

「ずつない事はふし、ふしから芽を吹く。やれふしや〳〵、楽しみやと、大き心を持ってくれ」(明治27・3・5)

と仰せられる。

私の曽祖父《そうそふ》・櫻井大教会初代会長は、妻の身上をたすけていただきたいと、十年間に十三回のおさしづを戴いた。おつくしに、布教に、おたすけにと歩み、教会を設立。全財産を納消《なっしょう》して神殿ふしんにかかる。その開筵式《かいえんしき》の一カ月前に妻は出直した。

その直前の十三回目のおさしづは、

「……たんのうの理を治めにゃなろまい。又治めてやらにゃなろまい。……」（明治30・10・5）

とのお言葉であった。

伺いのさしづでは、身上・事情が重大かつ深刻な場合、「たんのう」せよというお言葉が多いように思う。なぜ、「たんのう」と仰せられるのか。道は一代ではない。末代の道を通して、たすけてやりたいとの思召からである。今生の何年かではなく、何代も先を見通されての今の守護である。私たちはせめて子、孫、曽孫《ひまご》の代までの大きい心で親心を悟りたい。

初代会長は妻の出直しに心倒すことなく、当時、教会として最高の理である分教会昇格に向かって進み、大教会へ至る。大節から芽を吹いたのである。

（平成29年3月号）

一番大事な信仰は

「一に勢い、二に勢い、三に熱心、四に熱心」これがかつての私のモットーだった。教会長の理のお許しをいただいたのが二十八歳。教祖《おやさま》九十年祭へ向かう諭達第二号が発布された春季大祭の日であった。前年の年末、父より大教会の「心定め」に担任予定者として署名をするように言われる。そこに墨書《ぼくしょ》されていた数字が目に焼きついた。これが私の責任になるのかと。

私は先人がしたことでできることは何でもやろうと決めた。毎日のにおいがけ、十二下りのお願いづとめ、断食《だんじき》、水行《すいぎょう》、徒歩のおぢばがえり、子どもに新しい物を買わない、おたすけ先へはどこへでも出かける。勇みきっていた、というよりは、多分に悲壮感がただよっていたと思う。

悪いことに、自分が真剣に心を込めているのに、周囲の動きに活気が感じられないと顔色を変え、強い口調が口をついた。恥ずかしい限りである。役員さんや教会長さん方はみな大きく優しい心で受けとめてくださっていたのに、それがわからない私であった。

しかし、その頃の大教会は大きなご守護をいただいた。就任後、十年二十年たつと、コツがわかってくる。押したり引いたり、にこやかに対応できるようになった。しかし、以前のようなご守護はいただけなくなった。

勢いや熱心さが大事なのか、優しい穏《おだ》やかさが大事なのか。三十九年間教会長を務めて、今は「たんのう」が一番大切だと明言できる。

「たんのう」の心がなければ、おたすけはできない。人を育てる丹精もできない。まして、自分自身の陽気ぐらしがない。

「たんのうより受け取るものは無い。たんのうは誠。誠は天の理や」（補遺　明治23・5・13）という教祖のお声が聞こえてくる。

（平成30年2月号　私を育てた声）

たんのう的勇者

「たんのう」の教えで、思い浮かぶのが元の理の「くにさづちのみこと」様のお働きである。人間身の内の女一の道具、皮つなぎ、世界では金銭、縁談よろづつなぎの守護をくださる。泥海の姿は亀。夫婦、親子、家族の仲が良くない人、職場や隣近所の人間関係に悩んでいる人、お金に困っている人、長生きをしたい人は、亀の心になることである。

亀は格好のよさを求めず、泥をかぶって喜んでいる。ねばり強く低い心で慌《あわ》てずにゆっくりと歩む。時々、石の上に登って陽に甲羅《こうら》を晒《さら》す。人に笑われ晒しものになって満足しているようだ。そして、万年を生きるとか。「たんのう」の手本である。

里の仙人の道を歩まれた教祖《おやさま》は、どのような誹謗中傷の中も希望と喜びを持って陽気ぐらしの道を通られた。「ならん中たんのうするは、前生さんげ〱と言う」（明治30・10・8）と仰せられる。

先人の中には、目が不自由になってから、より一層暗いうちから起き出して神殿そうじを心がけた人、薬をポケットに杖をついて元気なとき以上に、おたすけに励んだ人、身体が不自由で長年寝込んでいても、人の助けをかりて、人のたすかりを願い遠路おぢばがえりをした人がいる。

「これから生涯先の事情定めるのがさんげ。これ一つ第一に定めにゃならん」（明治25・2・8）を実践した人たちである。もう無理と弱気にならず、逆に勇み立つのである。

加えて、日々は人様には満足してもらうように努める。腹を立てさせぬよう、不足をさせぬよう、嫌がることはせぬように、自らは損をし、阿呆《あほう》になって真心を尽くし切る。「たんのう」の極致である。

たんのうは決して消極的な心ではない。我慢や辛抱でもない。想像を絶する力強さを秘めた生き方である。これを先人は、「たんのう的勇者」と表現している。

（平成30年12月号　たんのうは難しい）

豆腐のような人

今、私が一番、大事にしている教えは「たんのう」である。たんのうができないと、おたすけにお使いいただけない。修理丹精もおぼつかない。何よりも自分自身の陽気ぐらしができない。

若い頃は「一に勢い、二に勢い」と、勢いと勇みをモットーにしていた。何事も勇んでかからねばお道ではないと思っていた。

若気の至りから、おたすけでは一言のおさとしで心の入れ替えをして鮮やかにたすかっていただく。これを目指していた。その結果、おたすけのつもりが、ただ人を責めるだけに終わっていた。後に、これは教祖のおひながたではないと解り、「たんのう」が生涯の課題となったのである。

「たんのう」の心が治まった人とはどのような人なのだろうか。豆腐のような人間になりたいと言った先輩がいる。私は若い時は豆腐はあまり好きではなかったが、六十代に入って、その良さがわかるようになった。

豆腐はのっぺらぼうだが、色白だ。軟らかいが、それでいて崩れない、ほどよい硬さがある。煮ても焼いてもよく、熱い油で揚げると絶品のうまさを発揮する。寒天にさらして凍らせると格別の保存食に変身。すき焼、おでん、ピリッと辛い麻婆豆腐。湯豆腐に冷奴、春夏秋冬大活躍。さらに、スイーツや化粧品にもなっているとか。まさに、融通無碍《ゆうずうむげ》。自由自在である。

豆腐は我を張らず控えめで、周囲を活かすチャンピオン。「たんのぅ」の神髄を会得しているようである。

災難にあう時は災難にあうのがいい。苦労する時は苦労するのがいい。必要だから親神様はお与えくださる。

今生は無理でも来生は豆腐の心境に少しでも近づきたいものである。

（令和3年3月号　心にかかげる教え）

豆腐よりすごいもの

豆腐よりすごいのが水である。火と水とが一の神と教えられる。豆腐はたんのうのチャンピオンだが、水は神様である。

人間の身体の半分以上、約六十パーセントは水であり、その絶妙の働きは人知を超えたものである。小は細胞内のミクロの世界から、大は地球全体に及ぶ。水は天から与えられ、大地を潤し、低きへ流れ、生きとし生けるものの命を守っている。宇宙広しといえども、水の無い所には生命は存在しない。

水は熱すると水蒸気になり、すさまじいエネルギーを出す。

水で食器を洗うと水は汚れ、食器をきれいにする。廊下を拭くと水は汚れ、廊下はきれいになる。その汚れた水を植木にまくと植木は元気になる。水は大したもの。我が身を捨てても全てのものを生かす働きをする。水の働きに学びたいものである。

苦労は楽しみの種

「苦労は楽しみの種」。この言葉の意味は、信仰の有無にかかわらず誰でも理解できるだろう。しかし、現実には何年も厳しい苦労の渦中にいる人が、この苦しみから楽しみの芽が必ず出てくると本当に思えるのだろうか。

苦労には二種類ある。「いんねんの苦労」と「たんのうの苦労」。

いんねんの泥沼では、いがみ合っていくら苦労をしても、いんねんの上塗りをするだけで、いつまでも苦労は続く。

一方、たんのうの苦労は神一条の苦労であり、教祖ひながたの道をたどる苦労である。おたすけ、ひのきしん、おつくし、時旬の御用、親孝行などに心を尽くす。いんねんを立て替える楽しみの種となる。

教祖《おやさま》百四十年祭活動三年千日は成人の旬、種まきの旬である。

教祖は「たんのうは誠」（補遺　明治23・5・13）と仰せられている。陽気ぐらしには、たんのうが不可欠である。

どんな人間関係でも勝ちにいかない。満を持して待ち、心低くたんのうを心がける。目標があれば、弱くても成長できる。

お金の無いのは貧乏だが、目指すべき目標を持たないのは、人間として貧しい。貧乏をしても貧しい人間にはなりたくない。

穴や隙《すき》だらけの自分でも、一つずつ根気よく埋めていくと、だんだん丈夫になる。辛く苦しい時ほど情熱を持つ。

生きるのに精一杯という努力の人が、意外に見事な人生を送るものである。

現われてくる苦労は、親神様からの親心である。絶望は陽気ぐらしの扉が開く寸前かもしれない。教祖は仰せられる。「どんな艱難《かんなん》もせにゃならん、苦労もせにゃならん。苦労は楽しみの種、……」（明治39・12・6）と。


（令和4年12月号）

生と死を見つめて

一人の教会長が出直した。六十四歳だった。

彼はいつも大教会のことを我がことのように心を込めて勤めてくれた。三年前に食道ガンが見つかり、抗ガン剤と放射線治療をうけた。いったん寛解《かんかい》したが、一年後に声帯と食道近くのリンパ管に再発。手術はできず、再び抗ガン剤投与となる。

彼は教祖《おやさま》百三十年祭が終わると神殿ふしんをする心定めをし、理のお許しを戴き地鎮祭も勤めた。毎日のようにおさづけを取次いでいたが、再発してからは一日も欠かすことはなかった。彼も私も動き、あちこちで待ち合わせをして取次いだ。二年近くも毎日ともなると、どちらも負担になってくるものだが、彼は必死であり、私も真剣だった。

今年に入って明らかに増悪《ぞうあく》し、ついに歩けなくなった。抗ガン剤の恐ろしさを次々と見せられた。辛く苦しい中、彼は現われる状況をそのまま受け入れているようだった。日に日に喉もとの塊《かたまり》は大きくなり、食道を圧迫し気道を狭窄《きょうさく》した。延命治療が一つまた一つと増えていく。おさづけに運ぶたびに、自分の無力さ、不甲斐なさにいたたまれなくなる。

ある時、迷いに迷ったあげく、彼に言った。「子どもたちを一人ひとり呼んで、また、主なようぼくの方が来たときには、自分の思いを正直に伝えておいたほうがいいよ」と。心に抱えているものを、子どもや大切な人にゆだねると心が穏やかになる。

しかし、それは出直しが近いと宣告しているようでもあった。それからは文字どおり懸命に、取次いだ。病状の進行により、そばにいるだけのようなおさづけだったが。

出直しを聞いて茫然となった。神殿でお礼を申し上げた。何のお礼か。ただ、お礼を申し上げたかったのである。

（平成28年9月号）

おさづけを取次ぎましょう

私は一時間以内の距離なら、毎日の取次ぎを心定めすることが度々ある。今までに長い場合は二年間や一年間、また五カ月間があり、二週間や一週間は何度もある。

そのためには毎朝、おさづけの取次ぎを中心とした一日のスケジュールを立てる。会議の休憩時間や食事の時に病院へ走ることもある。毎日の取次ぎではお互いに負担になるので長話はせず、お茶の一杯も接待しないことにしている。

病状に一喜一憂しながらも、振り返ればようぼくとして充実した日々であり、ありがたいと勇ませていただける。

心に残るおさづけ

大教会で貧血か低血糖かわからないが、意識がうすれ倒れた方に、多勢の見守る中で、おさづけを取次ぎ、鮮やかなご守護をお見せいただいたことが二回ある。この加護はどちらも本人の普段の理づくりがあればこそであり、私が特に苦労をしたのではない。

一方、何週も何カ月も、毎日のようにおさづけの取次ぎに通った人が何人もいる。寛解《かんかい》された人も数々いるが、一進一退を繰り返し、出直された方もいる。

毎日の取次ぎとなると、いろいろな御用のある中では、おさづけの取次ぎを一つの軸とした生活リズムを確立しなければならない。

容態の変化に一喜一憂しながらの取次ぎの日々は心に残るものとなる。

若い頃は肩肘《かたひじ》をはって、おさづけを取次いでいた。今は気軽におさづけを取次げる。具合の悪そうな人が目につくと、おさづけを取次がせていただきましょうと、すぐに声をかける。

気軽に取次ぐということがいいことなのかどうかはわからない。しかし、気軽でなければ長期間や毎日とはいかない。気軽と安易とは違う。「自分が」という我の心をとり、教祖にお連れ通りいただくという心になると気が楽になる。

印象に残るおさづけは死に顔の美しさである。近いうちの出直しが予想される人でも、連日、充分におさづけを取次いでいただいていると、出直されたあとの顔が実に美しい。高齢の婦人の場合、こんなに可愛い顔をしておられたのかと驚くことがある。

入り日がいいと日の出がいい。来生、生まれかわってくる容姿を教祖は楽しみにしてくださっているに違いない。

（平成29年10月号）

出直し（その1）

秀司様が出直されたとき、教祖《おやさま》は秀司様に代わって「私は、何処《どこ》へも行《ゆ》きません。魂は親に抱《だ》かれて居《い》るで。古着《ふるぎ》を脱《ぬ》ぎ捨てたまでやで」（教祖伝　第七章「ふしから芽が出る」）と仰せられた。

出直しは新しい着物と着がえるようなもので、陽気ぐらしに向かって、新しい身体を借りてこの世へ生まれかわってくることである。

従って、出直しは生の終わりではなく、新たな生への希望の一歩である。親神様の限りない親心の表れにほかならない。それは元の理において、いざなみのみこと様がにっこり笑うて身を隠されたことに象徴されている。

出直した後、魂は親神様の懐に抱きしめられる。それは魂の休息の場であり、生まれかわるための英気を養う時である。

また、心の振り返りをさせてくださる時でもある。あの時は優しい心づかいができたね、この時は酷《むご》い心をつかってしまったねと。この振り返りの記憶はすっかりと無くし、魂にその印をつけて生まれかわらせてくださるのである。

だめの教えからすると、あの世も、この世と同じく親神様の懐住まいである。地獄も極楽もなく、悪魔も、怨霊《おんりょう》も悪霊もいない。どんな霊魂《れいこん》もみな親神様に抱きしめられている。従って、未練がましくこの世へウロウロ出てきて祟《たた》る霊も、あの世で騒ぎたてるような霊もない。まして、この世から霊能者や超能力者が操作できるものでもない。

出直しは親神様の末代を見通して、救《たす》けてやりたい親心からのはからいである。「たんのう」の心を持って受け取らせていただくべきものである。

愛しい我が子や家族の出直しという癒し難い苦しみから救《すく》われる道は、出直しの教理を確信することである。

終末期医療をうける人に出直しに込められた親心、生まれかわりのありがたさをいかにお伝えするか、おたすけ人の重大な役割である。

（令和元年11月号　出直し）

出直し（その2）

今年おさづけに通った人で、心に残る出直し方をした人が三人いた。

Hさんは私がおぢばで大事な御用をした時に、親身になって助けてくれた。彼がいなかったら、あれだけのことはできなかったであろう。後に、彼は大病を患ったが、最後まで頭がしっかりしていた。人生を閉じるにあたって、「小さな命、美しき命よ」という少し長い詩を書いた。小冊子にして出版したいとのことで、息のあるうちに届けたいと関係者を督励《とくれい》して、なんとか間に合った。とても喜んで出直された。

N夫人も医者の手離れの身上をいただかれ、私は毎日のおさづけの取次ぎを心に定めた。一月《ひと》、二月《ふた》と経過し、少しずつ衰弱していくのが見てとれ、とても辛かった。しかし、夫人は「少し楽になりましたよ」と、いつも私を慰めてくださる。自分も出直す時には、おさづけを取次いでくれる人に喜んでもらえる言葉を出せるようになりたいと深く思った。

Kさんは教会長さんで、若い頃から短気な私を助け庇《かば》ってくれた。生涯、おたすけと親孝心に明け暮れる人生だった。八十歳を越えて急に体調を崩し、病院に担ぎ込まれた。その急を聞いて病院へ走った。親族の人に容体を尋ねると、言葉や仕草での反応はないが、少しは聞こえているかもしれないとのこと。

病室には夫人や子ども孫たちに囲まれて臨終を迎えた彼がいた。思わず駆け寄って、「〇〇〇〇〇」といつもの愛称で呼び、聞こえてくれとばかりに大声で「ありがとう、本当にありがとう」と何度も叫んだ。おさづけを取次ぎ終わると、血圧などの状態を示すモニターがピーと鳴り、波形がついに水平になった。見事な出直しであった。

（令和3年12月号　この一年をふり返って）

食べるということ

小学校の低学年の頃である。

朝ごはんの時に、姉妹と私の五人は一目散に教祖殿に走って行き、母から御供《ごく》を一袋ずつもらい、ポリポリとかんで温かいお茶と一緒にいただく。

大教会の神殿ふしんの時であり、子どもたちにも理づくりをさせたいとの思いから、朝ごはんをお供えしていたのである。何日続いたのかは覚えていない。それは、教祖《おやさま》の前で母と子たちが、ままごと遊びをしているような楽しい思い出である。

母は食べ物を残したり、粗末にすることには厳しかった。お茶碗に一粒でもごはんが残っていると、それを厳しく叱った。

中学校に弁当を持って行くようになると、弁当箱の蓋《ふた》についた米粒から食べるように習慣づけられた。

近頃では、一歳六カ月をすぎて、孫がスプーンと手づかみで食べるようになると、ごはんやおかずが床に散乱する。ジィージ（私）がしゃがみこんで拾って食べる。それを見て、孫も真似をして膝《ひざ》に落ちたものを拾って口に入れる。私は食事のあと、お皿やお茶碗を寄せ集め重ねてから「ごちそうさまでした」という。少しでも残っていると重ねられない。

教祖は「菜の葉一枚でも粗末にせぬように」、また、「すたりもの身につくで」と仰せられた。

昔、お道では「世間なみ」という言葉をよく耳にした。お道の者は教祖ひながたの道を辿る。「世間なみ」の考え方を戒めたのである。

ささやかながら、食べるということについて、ほんの少し、教祖の御心に添えるようになったかなァと安堵《あんど》している。

（平成28年新年号　教祖をお慕いして）

母から受け継いだもの

子どもの頃、母はいつも留守がちだった。台所に立つ姿をあまり見なかった。常に何か心定めをしていたようだ。親神様、教祖《おやさま》にお願いすることがいっぱいあったのであろう。お茶断ち、断食、水ごり、大教会から悪い足を引きずっての徒歩おぢば参拝など。私は凄いとも何とも思わず、普通のことと感じていた。

電車の中でにおいがけをした青年を丹精して、布教に出し、教会名称を戴くまでに導いた。今、その子どもたちが教会長や教会長夫人として頑張っている。

母はお諭しの名人であった。九十歳近くになり、認知症も出て寝たきり状態になっても、お見舞いに来てくださる人に、「勇んで通っているか」「親に喜んでもらわなあかんで」と諭す。当人が帰ったあと、「〇〇さん、喜んで帰られたよ」と言うと、「そんな人、知らんで」。周りの者は唖然とするが、お諭しは正鵠《せいこく》を得ていた。長年、おたすけを念じ、ぢば一筋に勤め切り、常に教祖を思い詰めていたからこそ、頭からではなく心の奥底から自然と湧き出てきたのであろう。

子どもの頃、母はよく「ご飯が食べられるのも、学校へ行けるのも、みな神様のお陰やで。信者さんのお陰やで」と言う。後の「信者さんのお陰やで」というのが私には一番のプレッシャーになった。お陰さまで貧乏性に育ったようだ。お道は貧乏性がいい。

この年になって、おたすけが楽しく思えるようになった。母ほどの信念もないし、さしたる苦労もしていない私だが、苦しみ悩む人を放っておけず、一緒になってかけずりまわり、お世話をするようになった。色濃く母の血を受け継いでいるのを感じて嬉しくなる。


（平成28年4月号）

私を教え育てたのは

私を教え育ててくれたのは親であり、大教会の役員さんやおたすけ先の人たち、そして数々の御用であった。

その中でも一番、私を仕込んでくれたのは母親である。「幹禎《もとよし》、ここに座りなさい」という言葉から始まる説教であった。大教会長になってからも、「会長さん、ここに座ってください」と言って話が始まる。「わかっていますよ」と、反抗的な言葉を出すこともあったが、後になってその話が気になり、改めるように努力している自分に気づく。

後継者の頃、大教会の役員で、その言動を尊敬していた人がいた。この人はかつて大教会史を執筆したが、すぐには出版に至らず、私の会長就任奉告祭に合わせて出すことになり、改めて推敲《すいこう》することになった。

合図立て合って、その方は身上をいただき、私は一年間、おさづけの取次ぎに足を運んだ。厳しい身上の中、三日に一稿ずつ、書き改めた原稿を私に渡してくれる。その度に、先人たちは節々をどのように悟り、どのように乗り越えたのか。このような方向へ心を向けていれば、もっと大きなご守護をいただくことができたのではないかと、部内教会の具体的な事例を通して、お道の悟り方や信仰のあり方を教えてくれた。法学で言うと、法の精神の勉強というよりも、判例を一つひとつ学習するようであった。

私はいろいろな御用を重複的にお与えいただき、全てをこなすには物理的にも精神的にも無理と思われることが多々あったが、なんとか勤めることができた。一つの御用に心を込めると他の御用も果たすことができるのである。御用が御用をしてくれる。この経験は、心の小さな私を少し大きくしてくれたように思う。

今では、おたすけでいろいろお世話をしていると、心身が軽く動くようになる。おたすけをしているようだが、実は身上、事情に悩む人たちが、私の成人をたすけてくれていることに気づく。

（平成28年8月号　私を救った人）

第三章

心の転換をはかる

仕事に信仰を生かす

教祖《おやさま》は家族の者が田畑へ出るときも、常に木綿の紋付《もんつ》きを着るようにされた。仕事をするのではなく、神様の御用をすることを教えられたのである。中でも青物や柴を商って歩く秀司様の姿は人目につき、村人たちは紋付きさんと親しんだ。

商売人に対しては、「高う買うて、安う売るのやで」(逸話篇 一六五)と仰せられた。皆を喜ばすために、心を尽くす。その努力をして自らの生活が成り立つ生き方を教えられたのである。

世の中には誰がしなくても、すべきことがある。誰もがしていても、すべきでないことがある。

人と比べることをやめると、自分らしさが出てきて伸びやかになる。得手《えて》が見えてきて、仕事が好きになる。

職場では与えられた仕事に感謝していると、人の心が集まってくる。仕事が思いのほか捗《はかど》る。仕事にも人にも信用されるようになるのである。

損得をぬきにして働く。悩み苦しむ人には寄り添う。

仕事上の問題が起きたときは業績や効率よりも、一人ひとりの心を大切にし、一手一つの勇みを優先して対処する。その決断は信仰から生まれる。

猛烈に頑張っている人も、少し立ち止まって考えてみよう。自分から仕事や立場をとってしまったら何が残るのか。いくら社会的に大きな仕事をしても、配偶者さえ喜ばせられないとしたら、さびしい限りである。

自分の生涯に納得し、お礼を言って出直せるようになることは人生の大事業である。「あなたのお陰で今日の私があります」と、心の底からお礼を言ってくれる人が、家族以外にたとえ一人でもあればいい。

信仰の基本は祈りである。かりもののお礼と、互いに立て合いたすけ合う陽気ぐらしの決意を、朝の祈りに込めて、心に紋付きを着て、今日も勇んで仕事にかかりましょう。


（平成30年4月号）

はたらく（その1）

教祖《おやさま》は、人間は働くために生まれてきたのやと仰せられ、はたはた（側々）を楽にさすから働くと言うのやと教えられた。

ご自身も月日のやしろとお定まりくださるまでは、村一番の働き者であった。人間として生きる本当の姿は働くことにあると教示された。それは陽気ぐらし世界を創るために、親神様が体を貸し十全の守護をくださっているからである。

一般的には職について収入を得る行為を働くと言うが、これだと、子どもや病人さんは働いていないことになる。

しかし、子どもは素直に元気よく育っていれば、親は安心し嬉しくなる。子どもは働いているのである。病気の方は看護してくれる人にいつも「ありがとうございます」と心からの感謝の言葉を口にすると、立派に働いていることになる。

また、教祖は商売をしている人に対して、「高う買うて、安う売るのやで」と教えられた。高い値で仕入れ、生産者を喜ばせ、安く売って消費者を喜ばせる。これが商いの場合の働きとなる。

職場ではたはたを楽にするとは、どのようにすればいいのか。大きいことをしなくてもいい。みなの嫌がること、得にならないこと、無駄と思われること、誰もしないこと、いわゆる雑用にも真心を込めるのである。この世に雑用などない。用事を雑にした時に雑用になる。

しかし、この厳しい競争社会でそんなきれいごとが通用するのだろうか。通用するかしないかは、やってみれば解る。

信仰者が競争するのは他者とではなく、過去の自分と比べ競うのである。どれだけ人様を喜ばせるようになったかを。

（令和3年5月号　はたらき）

はたらく（その2）

おさづけの理を拝戴したときに、ようぼくの生涯の心構えをお諭しくださる教祖《おやさま》のお言葉、「おかきさげ」をいただく。

三十歳未満の若い人には、特別のお言葉が入っている。それは、「所々に手本雛形《ひながた》」となりなさいということである。そのためには、「家業第一」と「親孝心」の二つを一つにして通るよう教えられる。

家業第一とは、与えられた職業や立場に対して欲得をぬきに誠の心で努めることである。親も安心してくださり、周囲の人々の心をどれだけ明るくするかわからない。

しかし、世界の宗教を見ると、働くということ、労働を評価しない教えがある。キリスト教には、労働は神の命《めい》にそむいた罪に対する罰《ばち》として課せられたものという考え方もある。根本仏教でも、働くことの大切さを教えるものは基本的にはないようである。日本でも武士は労働を恥と考えていた。

天理教では、人間の生きる目的は働くことであると教えられる。教祖は神のやしろにおなりになるまでは、皆が感心するほどよく働かれた。

人間がこの世で生きる真の姿は働く姿にある。それは親神様から身体をお借りして、生かされているからであり、その感謝と喜びの日々の姿がひのきしんである。ひのきしんは働かせていただいて、ありがたいという生き方である。

教祖は働くとは、はたはたを楽《らく》させることであると仰せられた。利益や出世だけを考えるのではなく、人のため、世のために尽くすことに喜びを見い出す。

ただ仕事をするのではなく、仕事の中に活きる信仰をすることが大切なのである。

（平成28年3月号　仕事に活かす信仰）

三十歳未満の人への「おかきさげ」にある「家業第一」の意味

「おかきさげ」では、次のように仰せられている。

「第一の理を諭そう。第一には、所々に手本雛形。諭す事情の理の台には、日々という、日々には家業という、これが第一。又一つ、内々互いくヽ孝心の道、これが第一。二つ一つが天の理と諭し置こう」——これは自らが住む町や地域で手本雛形となるように通りなさい。それには家業を第一と考え、親孝心を心がけることの二つを教えられる。

家業第一とは、親々が代々受け継いできた家の仕事を、そしてその仕事に対する心構えや精神を学び受け継ぐということである。親孝心はいつの時代でも、どんな国においても、人間として一番大事な心である。若い人が家業と親孝心の二つを第一に考えて日々努めていると、どれほど周囲の人の心を明るくして、陽気ぐらしへの灯火となるかもしれないと仰せられる。

合わせる

人間の悩みは、ことごとく人間関係から生じている。

末期ガンを宣告された人でも、死の恐怖はもちろんだが、自分亡きあと夫は、妻は、子どもはどうなるのかと人間関係の悩みが最後まで残る。

家族をはじめ仲間や職場や近隣の対人関係がうまくいくために、相手に合わせ、自らを抑えすぎるとこちらが苦しくなる。その匙加減《さじかげん》が難しい。人並みや世間並み、流行を追い求めるばかりでも情けない。

人の評価にすがる生き方は、永遠に心が満たされることはないだろう。いつまでもそこに止まり、前へ進めない。そのような人は出直すとき「ありがとう」とお礼を言えないのではないか。

ひきこもり能力というものがある。天才と言われる人は、人の目を気にせず研究や創作に没頭する。そして人類を救う発見や発明をし、いつの世にも感動を与える芸術を創造する。道のようぼくも人の評判を心にかけず、ひたすら親神様、教祖《おやさま》の御心に合わせる道を歩みたい。

合わせる基本は元の理にある。

親神様は人間世界をお創りくださる時、それぞれの方角から道具を呼び寄せ、承知をさせて貰い受け、食べてその心味《こころあじわい》を試しお使いになった。この道具衆のお姿こそ、陽気ぐらしへの根本精神を表していると言える。

神様に食べていただくとは、我の心、人間思案をすっきりなくすことである。心味を試していただくとは、自分の持ち味を存分に発揮し、役割に徹することにある。

「一手一つ」とはみなが同じことをするのではない。天の理に心を合わせて、人から笑われそしられても、先まわりをしてお導きくださる教祖のまなざしに包まれて、一人ひとりが使命を全うすることである。

（平成29年4月号）

人付き合いの秘訣

私たちは他人から正確に理解されることは、極めて稀《まれ》なことである。どのような試験や検査でも、正しく人間性を判定することはできない。

ありがたいことに誤解される苦労があるので、成長できるのである。

人間関係はいんねんを映す鏡でもある。関係を良くしようと望むなら、自分が変わらなくてはならない。相手に求めていることは、実は自分に求められていることなのである。

人に近づく場合は、その人が元気で運命の栄えている時ではなく、病気をしたり、失敗つづきの落ち目の時に声をかけ、心をつなぐ。ようぼくとしての矜持《きょうじ》を持ちたい。

いじめをする人には明確に「否《ノウ》」と言って離れる。そのような人は強そうに見えても、自分というものが無い気の小さな人である。噂話の好きな人は人の不幸を楽しむ人で、そのような話にお道の者は付き合ってはいけない。

また、いくら親しいからといってベタベタと付き合うと、うっとうしくなってしまう。風通しのいい適切な距離を保つことも大切である。

爽やかな信頼関係をつくりたければ、孤独を楽しむ心のゆとりが必要である。それには、神さま目標《めどう》の信仰を持たなくてはならない。教祖《おやさま》は「人がめどか、神がめどか。神さんめどやで」（逸話篇　一二三）と仰せられている。

人付き合いの秘訣は聴き上手にある。私は耳が不自由になって、本当のおたすけにお使いいただけるようになった。聴くことに真剣になり、心の内を理解しようと懸命に努力するからかもしれない。

どのような会話においても、まず、「そうですね」と相づちを打つ。そして、大事なことは、「ありがとう」という言葉が口癖になることである。

（令和2年8月号）

正しさより愚かさが

幸せは誰かから、もらうものではない。自分がこつこつと努力して、つくりだすものである。神様から幸せにしていただける自分をつくるのである。それを天理教では徳積みと言う。

幸せについて人と比べてはいけない。それは脇見運転をするようなもので、危険である。

理想的な人間関係には正しさより、楽しさがベースにある。

睦まじい仲になるには、少しの愚かさがあるほうがいい。正しさは無理な緊張を強《し》いるから。

貧しさを笑いに変え、どんな人も許し、意気に感じたり、情けにほだされたり、天然の阿呆になる。こういう愚かさを人徳というのかもしれない。教祖《おやさま》はあほうは神の望み、素直は好きやと教えられている。

ほこりの多い人間は、切磋琢磨《せっさたくま》して成長する。切磋琢磨、言葉はきれいだが、傷をつけ合うことでもある。家族や社会は健全に傷つくための仕組みなのかもしれない。健全に傷つくのが健全な人生と言える。絆《きずな》には傷《きず》がつきものだ。

しかし、家族だからと甘えず、礼儀やマナーを大切にする。コミュニケーションは丁寧にする。これは信仰者の矜持《きょうじ》でありたい。

愛着障害のある育ち方をした人は、誰からも認められていない、愛されていないと深刻な不安を抱えている。この辛さや弱音を素直に吐いてもいいのか、誰かに相談してもいいのか、否、相談することではないと考えている。そんな人には泣き言を言ってもいいよと、油断のできる場を提供してあげたい。お互いはそんなようぼくになりたいものである。

（令和4年6月号　日常に生きる信仰）

心の老化

今、人材育成の重要性が強調されている。

思春期を過ぎたばかりの学生生徒や青年の心は、まことに柔らかい。つきたてのお餅のようにふわふわで、どのような形にもなる。学生生徒修養会において彼らの見せる心の変化は、驚異的であり感動である。

ところが、高年齢になると姿形は改まったように整うが、心は堅く、なかなか変わらない。

加齢とともに心身の老化が始まる。しかし、身体の老化と心の老化は比例するとは限らない。個人差が大きい。

年配の人でも心が若々しく、いきいき溌剌《はつらつ》としている人がいる。いつもこれから先のことを語る。一方、若い人でも心が老化したような人もいる。

お道のようぼくはいつまでも若く明るい心、初々《うい》しい心でありたい。

心が若く柔らかい人は年齢に関係なく、何にでも興味があり関心を持つ。視野が広く、親神様の大きなお働きを感じる。楽観的で、決断力に富む。信仰者として最も大事な、不思議ということを信じることができる。

あなたの心が老化していないかどうか、テストをしてみましょう。

次の三つをこの二、三カ月ほどの間に経験したことがあるかどうか。

㈠心の底から大笑いをしたことがある。

㈡社交辞令ではなく、本当に感謝されたことがある。

㈢自分のことを離れて、人の「心」そのものに関心を持ったことがある。

この三つのうち一つでもあると、あなたの心はまだまだ若い。

「いつ〳〵までも明《あ》かきの心、若い年寄りによらん。……いつ〳〵までも明かきの心治め」（補遺　明治21・1・3）

（平成29年8月号　若き信仰者）

老い讃歌

まもなく人生百年時代がやってくる。心の準備はできていますか。

ある作家は、年を取ると何かにつけて汚《きたな》くなり、人生が下り坂に入ることを認めなくてはならないと言う。しかし、私は今、八十歳。体は劣化しても悲観することは何もない。むしろ嬉しいことのほうが増えている。

七十代になって、三つの喜びが生まれてきた。

一つ目は、精神的に安定することである。人の目や評価はあまり気にならなくなる。家族のことや教会のことなど、心配なことはたくさんあるが、決して不安ではない。

二つ目は、今までとは違う人々の好意につつまれること。仕事や立場の上でのつながりではなく、少しばかりのおたすけをさせていただいた人たちからの真心である。

三つ目は深い学びができることである。人間の心について、特に、心の病について、若い頃には気のつかなかったことが、心の底から理解できる。

今は人生に二山《ふたやま》があると考える。六十歳頃までが一山《ひとやま》。あと二、三十年の二つ目の山がある。還暦を迎える人は一度立ち止まって、登る決意を固める必要がある。

今までは仕事をすることが目的になっていたが、七十歳からはより良く生きること、掛け値なしの信仰をすることである。

そのためには、人間関係はできるだけスリムにして、人だすけを心がける。道専従でなかった人も、これからは出家者のように、物は少ししか持たず、雑事はできるだけ削《そ》ぎ落とす。キャリアや過去の栄光はリセットする。社交の煩《わずら》わしさから離れ、教祖《おやさま》の眼差《まなざ》しとお声に意識を向ける。そして、悩める人に積極的に近づく。皆、おたすけを待っている。

おたすけが楽しくてしかたない人生。ようぼくにとって七十代は黄金期である。

（令和元年5月号）

いい歳のとり方

私は初代会長の生まれかわりであると人が言う。初代が出直して、初めて冨松家に生まれてきた男子が私だったからである。

人生八十年歩んできて振り返ると、初代とは信仰的にも、人間的にも苦労の度合いからして大違い、雲泥《うんでい》の差がある。しかし、贔屓目《ひいき》に見ると、少しは初代的なところがあるように思う。

私はおぢばでいろいろな御用をさせていただいてきた。不思議にもどの部署でも、新しく物事を始めるという旬に巡り合うのである。

学生時代の天理教学生会の設立に始まって、布教部、少年会、学生担当委員会、教化育成部、神殿おたすけ掛、さらに養徳社などで、長年の懸案事項を解決していかなくてはならない情勢になる。

身のほども弁《わきま》えず着手すると、思いもよらぬ人々の合力によって成ってくる。全く不思議なことである。

しかし、それらの事柄は世界だすけを目指すお道からすると、ほんの些細なことにすぎない。初代のように自らの生活を賭《か》けるというほどのものではなかった。どうにもならない絶望の大節からのことでもなかった。

人は高齢になると、「昔はよかった」と過去を振り返るものだが、いい歳のとり方は夢のある若さを積み重ねていくことである。

私の場合、ありがたいことに幾つになっても何かの課題に挑戦しようという心意気は消えることがない。

今は「おたすけ」という本来の課題に立ち向かっている。

八十歳になって、いろんな立場から離れ、おたすけに専心できる。どこへでも出向き、どんなお世話でも年相応にさせていただけることが嬉しく楽しい。

いい歳のとり方を具体的に言うと

老人は概《がい》して嫌われる人が多い。

いつも昔話ばかり。今のことでは、病気自慢と得意なことを延々と話す。無気力なのに苦情だけはくどくどと言う。

いい歳のとり方は、

・自然体で自分らしく生きる。

・無理な若作りはせず、年齢にふさわしい様相をする。ただし、だらしなさには注意すること。

・人生の目標があり、使命感を持っている。

・いい家族に囲まれ、生活が充実している。

・いつも未来を語り、今を楽しんでいる。——このような年寄りでありたいものである。

陰の力

「二つ一つが天の理」（補遺　明治22・11・11）と仰せられる。

この世は目に見える世界と目に見えない世界の二つから成っている。百階建てのビルを見上げて、すごいなァというのは見える世界のこと。見えない地中に、それに相応《ふさわ》しい基礎がある。雄大に枝を広げる樹齢数百年の大木には、それを支える根が地下広くに張りめぐらされている。

見える世界、形に現われた世界は常識の世界であり、見えない世界が徳の世界、信仰の世界と言える。

私たちは見える世界を大事にして、見えない世界をおろそかにしがちである。あの人は美人だ、大きな家に住んでいる、貯金がたくさんある、学校の成績が良いなど姿形ばかりを追い求める。しかし、幸せの基盤となる徳があるかどうかが問題である。

美人とか、頭が良いとか、権力や能力や財力があることと徳とは本来は関係がない。

美人は徳があれば幸せになるが、徳を積んでいないと薄幸《はっこう》になる。頭の良い人が徳を積むと、世のため人のために大きな業績を成すが、徳がないと、ひとときは隆盛でも惨《みじ》めな人生に終わる。

徳積みには陰での働きを大切にしなければならない。衆目《しゅうもく》の集まる所でしたことは、親神様は半分くらいしか受け取られない。多くの人々から評価されるから。しかし、誰もわからない、親神様だけがご存知の陰では、その心づかいや行動を全て受け取られる。

教祖《おやさま》は「目に見える徳ほしいか、目に見えん徳ほしいか」（逸話篇六三「目に見えん徳」）と仰せられ、陰徳を積むことを強調された。

私たちは陰の力を信じ、「おかげさまで」と言えるようになりたい。

（平成29年6月号）

運命を変える

運命とは何か。いんねんや徳分にふさわしくお与えくださる親神様のご守護のことである。人は自分にとって都合が良ければ幸運と言い、具合が悪ければ不運と言う。よちよち歩きの子どもが転んで柱に頭をぶつけ、大泣きした。母は抱きあげ、「可哀想に」と頭をなでながら「チャイチャイ」と柱をたたいて子をあやす。考えてみると、柱は何も悪いことをしていない。

なぜ、子どもが痛い目にあったのか。足腰に力がなく転《ころ》ぶからである。今後、痛い思いをしないためには、身体に力をつけることが必要である。

人は、苦しいときや困ったときに自分の心の問題と考えず、他に責任を転嫁する。不幸になるのは年や日や星の巡りが悪い。方角や場所がいけない。怨霊《おんりょう》や悪霊のせいだ。お払いをしてもらうと大丈夫。これは大昔からある考え方で、これではいつまでたっても陽気ぐらしはできない。

このよふにかまいつきものばけものも
かならすあるとさらにをもうな
（十四　16）

憑《つ》きもの化《ば》けもの、心の理が化けるで。
（明治25・4・19）

教祖《おやさま》は霊術や呪術《じゅじゅつ》を否定され、禁忌《きんき》（タブー）や霊障《れいしょう》から人類を解放してくださったのである。

本当のご守護は欲深い人間から見ると、もの足りなく思う。成ってくる姿をこれで結構と喜ぶ。その心を「たんのう」と教えられる。たんのうは前生いんねんのさんげとしてお受け取りくださる。運命は大きく好転するのである。

（平成28年11月号）

怨霊の祟りなどない

日本には昔から怨霊信仰というものがある。日本の歴史はこれを抜きにして語れないとも言われている。

恨みをもって死んだ人や非業の死を遂げた人の霊が怨霊《おんりょう》となって祟《たた》る。三大怨霊と言われる菅原道真《すがわらのみちざね》、平将門《たいらのまさかど》、崇徳《すとく》上皇をはじめ数多くの怨霊がいた。

不幸が続くのはあなたの家の先祖が怨霊となっているからだ。今すぐ怨霊鎮めをしなければ、もっと大変なことが起こる。癌になったり交通事故が起こり、事業が倒産する前触れだと脅かされる。これを恐怖誘導と言う。この壺を床の間に置けば怨霊は鎮まると言って高価なものを買わされる。いわゆる霊感商法である。

教祖は、この世には人に乗り移り祟る悪霊や死霊などいないと仰せられる。どのような節があっても、我が心の問題と考え、親神様のお働きを信じ、ご守護にお応えする報恩の道、そして、人救けたら我が身救かると教えられるおたすけに励む。教祖はそのひながたを示してくださったのである。

徳分を活かす

私が大事なことをする時は、綿密に計画を立て、具体的な文言や振る舞い方まで考えて行動に移る。そうすると落ち着いた動きや心のこもった対応ができる。これを自分の徳分だと思っていた。しかし、短気な性分が出て準備の段階でいつもイライラし、周囲の人に不快感を与えてしまう。

仕事はできても信仰はできていなかったのである。齢《よわい》を重ねて、今は充分な準備がなくとも、見通しの立たないことも、イライラすることなく、何とかなると思えるようになった。徳分や能力に頼りすぎず、教祖《おやさま》がお連れ通りくださると信じられるようになったのである。お陰さまで、どんなおたすけでも自然体でさせていただける。

人は得意なことで成功し、得意なことで失敗をする。

才能の豊かな人が幸せになり、陽気ぐらしに貢献するとは限らない。問題はその才能を何に活かすかである。欲得や名声、保身のためではいけない。教祖は不自由をしても、笑われても、損をしても、人をたすけるために誠真実を尽くすことを厭《いと》わないというひながたの道を残してくださった。

才能が乏《とぼ》しくてもいい。得意なことが無くてもいい。どんな困難の中でも親神様の御用をさせていただくという喜びで、力の限り努力する。それで充分である。その人ならではの持ち味がじわじわと湧いてきて、御用がつとまる。それが本当の徳分と言われるものなのかもしれない。

教祖は、親神様の懐住まいと言われるこの世の中では、「心定めが第一やで」（明治20・1・13）と仰せくださっている。心定め達成に向かって、「能力」より、をやにもたれきった「一所懸命」のほうが教祖はにっこりとお喜びくださるに違いない。

（令和2年5月号）

ご恩大切

この道は「神一条、たすけ一条の道」である。別の角度から見ると、かりもののご恩にお応えする「ご恩報じの道」とも言える。

私たちは信仰の有無にかかわらず、すでに大きなご守護をいただいている。みかぐらうたの二下り目で、「三ツみにつく」と仰せられるように、この世に生まれたときに、陽気ぐらしのための「元の与え」を身につけてくださっている。

先輩は、この道の信仰は、ご守護をくださいとお願いをする「請求書の信仰」ではなく、ありがとうございます、確かにご守護をいただいていますという「領収書の信仰」をしなければならないと言っている。

かしもの・かりものの話は、千ベン聞いて千ベン説けとも言われる。「神様のお働きですよ。ありがたいですね」と、耳にタコができるほど毎日聞き、「結構やなァ、もったいないなァ」と、口が酸っぱくなるほど常に言葉に出す。

かりものの話を聞いて、「また同じ話か」と思うのは、夜が明けて、また太陽が出たのかと不足をするようなもの。かりものの話をしない教会は日の出のない暗い教会である。

理屈からすると、恩を感じて恩に報いる。感恩↓報恩が順序となるが、現実はどうも逆である。元気な人は元気なありがたさを忘れている。身上のお障りをいただいて、初めて達者が何よりだと解る。

別席では「理を味わい身に行うてこそ、心に治まり身につく」と教えられる。理を味わうとは、教えを身をもって実践し感じ取ることである。汗をいっぱいかき泥まみれになってひのきしんに心身を尽くせば、健康のありがたさが体の芯よりふつふつと湧き出てくる。

ひのきしん、おつくし、おたすけに真心を込めるので、ご恩大切が身についてくるのである。

（平成29年5月号）

おつくし

最近は「おつくし」をあまり説かれなくなったのではないかと憂慮《ゆうりょ》する。「かしもの・かりもの」の話を聞いても、おつくしをしていただくようになるには、もう一つ、越えなければならない壁がある。それは、親神様のご恩に報いるために、おぢばに尽くしたい、運びたいという心。「おつくしをしましょう」というひと声。導く人のこの心と言葉が欠かせない。

いくら熱心に教会に出入りしていても、おつくしをしない人はいつか道から離れていく。たすかっていただけないことになる。おつくしは修理丹精の重要な柱と言える。おつくしをして、初めて味わえる世界がある。思い切ったおつくしをすると、不思議に不安や先案じがなくなり、心晴れやかになる。親神様の親心を、魂に感じることができる。信仰が深まるのである。

できることなら毎日、ぢば・かんろだいに参拝してお賽銭《さいせん》をし、かりもののお礼を申し上げたい。その心で各地の教会や家庭で日々にお供えをする。「危《あぶ》ない事、微《かす》かな理で救かるは日々の理という」（明治26・4・29）と教えられる。

人だすけが最高のご恩報じであり、いんねん納消の道である。おたすけに専念できない人は、たすけ一条の上にお使いくださいと、おつくしをする。

また、人生には、いんねんの苦労をするか、道に真実を尽くして不自由を喜ぶかを選択しなければならない時がある。

今はみな結構になり、徳分以上の生活をしてしまいがちである。絶えず「おつくし」の声をかけてもらっていて、ちょうどいいのである。

私たちは「おつくし」「おはこび」「ご恩報じ」「お供え」「理立て」などと言うが、教祖《おやさま》は神の田地にまいた「ものだね」としてお受け取りくださる。


（平成30年9月号「おつくし」とは）

人生の分かれ道で

人は幸せを求め、思案を重ねて進路を決める。進学でも就職でも結婚でも、良いほうを選んで進む。その結果、幸せになるかというと、必ずしもそうではない。こんなはずではなかったと後悔する人も多い。

私は子どもの進学などで相談を受けるときは、「神様にお決めいただくのがいいですよ。そのためには、まず親が教祖《おやさま》の教えをしっかり聴かせてもらい、何か心定めをして実行することです。その上で、お見せいただく姿がお子さんの幸せへの道なのですよ」とお話をする。

人生の分かれ道で選択に迷うときは、教祖ひながたを基準とすることである。しかし、ひながたと言っても、具体的にはどうすればいいのか分からない。

ひながたの道は、人だすけの上で、不自由をして喜び、人に笑われて喜び、損をして喜ぶ道だと思う。

親が喜んでくれるなら、人様がたすかってくださるのなら、あえて苦労し、誤解されても、勘定にあわなくても結構と思う。陽気ぐらしへ至る道はこのたすけ一条の道のみである。

私は若い時から、もったいなくも、次々と重要な御用をいただいた。思いがけない節も見せられ、途方に暮れたこともあった。その中で、易《やす》きに走らず苦労を選び、全力投球を心がけた。

教祖は「そっちで力を入れたら、神も力を入れるのやで」（逸話篇一七四）と仰せられる。たわいもない頑張りにすぎなかったが、お連れ通りいただいたという実感がある。

成ってくる姿は、ちょうどいい与えである。親神様が何代も過去をご覧になり、何代も先を見通されての今の守護である。ほこりの多い私たちは不足に思うが、最適なものとお礼を申し上げ、勇んで通る。きっと喜べる日がやってきますよ。

（平成28年5月号　人生の分かれ道）

失敗に学ぶ

人生で起こることに、不必要なことは一つもない。親神様の懐住まいでは偶然はなく、すべて必然である。そこから何を学び心に刻むか。どんな経験にも意味がある。喜怒哀楽のすべての出来事に、成長するチャンスがある。

成功から学ぶことより、失敗から学ぶほうがはるかに大きい。失敗は失敗にあらず、改めざるが失敗なりと古賢《こけん》は言う。

「勝ちに不思議の勝ちあり、負けに不思議の負けなし」という、江戸時代の剣術書の言葉を座右の銘とした、プロ野球の元監督がいた。相手が勝手にエラーをして勝ちが転がり込んでくる。この場合、こちらの欠点は隠れてしまいやすい。しかし、敗け試合では、その理由や原因が明確になる。

たとえ失敗しても、そこには神意があるはずだと前向きにとらえると、気持ちが安定し強くなれる。

「ひとつの幸せのドアが閉じる時、もうひとつのドアが開く。しかし、よく私たちは閉じたドアばかりに目を奪われ、開いたドアに気づかない」

これはヘレン・ケラーの言葉である。

お道のようぼくは、失敗を経験させてくださる親神様に感謝し思召に応えて、さんげすることが大切である。

教祖《おやさま》は「さんげだけでは受け取れん。それを運んでこそさんげという」（明治29・4・4）とご教示くださる。

反省をし、新たな誓いを立てても、実行されなかったら、嘘になってしまう。実行できるように、「理立て」、「おつくし」をする。さんげしたことが実践できるように教祖は応援してくださる。

（平成29年12月号）

心機一転

この道は陽気ぐらしに向かって、心の成人に励む道である。しかし、惰性に流れたり横道に逸れてしまうことがある。そのような時は、望ましい方向に心を切り替える必要がある。

「心機一転して……」という言葉をよく耳にする。ところが、本当に心がガラリと良い方向へ変わる人はあまり見かけない。今までに十回も禁煙をしたという人がいる。

「あれ……?」、これと同じで、軽々に「心機一転」を叫ぶ人は信用できない。

「君子豹変《ひょうへん》す」と中国の古典にある。君子と言われる立派な人格者は、過《あやま》ちに気づくと直ちに改める。豹の模様のように鮮やかに変わる。しかし、君子はめったに豹変するものではない。

お酒や薬物やギャンブルなどの依存症の人が、「もうキッパリと止《や》めます」と誓う。これは言葉のレベルの一転にすぎない。

変わることの真の大切さを理解し、自制できるようになる意識のレベルの変化が肝要である。

さらに、改心をし、態度や行動、雰囲気で人を感化し伝道する心のレベルに達すると、本物と言える。

私たちようぼくが心機一転を心がけるのは、教祖《おやさま》のご年祭の打ち出しの旬である。それは今までの歩み方を改めるというよりは、常にそのように通らなければならないものを、懸命に本気になって遮二無二《しゃにむに》実践することであり、少なくとも三年千日は勤めきる。

今は変化の時代と言われるが、いつの時代でも心機一転した心を持ち続けていくことに真の尊さがある。

「さあ〱続いてあってこそ、道と言う。続かん事は道とは言わん。言えようまい」(明治39・5・21)と教祖は仰せられる。


(平成30年新年号)

薬物依存症の人のお世話について

薬物依存症の人は一人でこっそりと止めようと努力している。本当はいろんな人に相談をすればいいのにそれができない。

おたすけを志す人は正直に薬物をやっていると打ち明けられても、説教をしたり、悲しい顔をしたりせず、正直に告白したことをまず褒めてあげるようにする。本人はうっかり告白すると警察に通報されたり大騒ぎになると心配しているので、安心で安全な相談の場を提供してあげるように心がける。本人はひがんできた人生があるだけに、尊厳が大切にされることがわかると、回復につながりやすいと言われている。

薬物を止めるということだけに性急《せいきゅう》にならず、本人の心の支援につながるようにお世話をする。薬物に依存せざるをえないという心の問題を真剣に考えてあげるのである。

おたすけを志す人も一人で悩まずに、いろんな社会資源を活用し、しっかりと勉強しながらお世話をするのがいい。

薬物依存症の治療の主なものは次のＡＢの二つがある。

（Ａ）専門の医療機関でのプログラム
（Ｂ）当事者（薬物依存症から回復した人）によるプログラム
（Ａ）は通院が原則だが、一カ月から三カ月の入院もある。
（Ｂ）は薬物依存症の自助グループＮＡ（ナルコティクス・アノニマス）がある。定期的にＮＡに参加するのが難しい場合は、リハビリ施設で有名なダルク（ＤＡＲＣ）がある。半年から一年ほど入所して集中的に学ぶことができる。

おたすけ人が以上のことを詳しく知るには「精神保健福祉センター」に出向くといい。薬物依存の相談窓口がある。医療機関や自助グループや「ダルク」の情報がもらえる。また、集団治療回復プログラムや家族の心理教育プログラムや家族の会などの情報もいただける。

その他、アルコール、ギャンブル、ゲームなどの依存症の情報も得られる。

夫婦

天地を象《かたど》って夫婦をこしらえたと教えられる。

夫は天の理。いつも青天の心で、夢は大きく、雨や雪で大地を潤す。

妻は地の理。与わる恵みを全て受け入れ、塵芥《じんかい》も肥となし万物を生み育む。

さらに、男は水の理。水は上から下へ流れ、常に低きを目指す。方円の器に従い、実に柔軟である。食器を洗えば水は汚れ、食器はきれいになる。廊下を拭けば水は濁り、廊下はきれいになる。汚れた水を植木にまけば植木は生気《せいき》を増す。他を生かすことに徹するのが水の働き。男の仕事の根本を示す。

一方、女は火の理。火は下から上へ燃え上がる。水を上に戴くと、水は沸騰して大きな力を出す。火は周囲を明るくし、心を暖める。

加えて、男は柱。女は台。柱は家の中心でぶれずに踏ん張る。台は家を支え、動じない。以上が男と女、夫と妻のあり方の基本である。しかし、誤解している男性がいる。男は頑固くらいがいいと、ガミガミと怒鳴る。これは水ではなく氷である。家庭が冷たくなる。心低くおおらかで、柔軟に対応する度量が求められる。

女性はいつも笑顔で皆の心を和《なご》ませ、空腹を満たす。不足や愚痴を言うより、夫を支え協力する。

元の理よりして、絶対に二つである男女が、前生のいんねんにより一つに結んでくださるのが夫婦である。寄り合ういんねんを寄せて夫婦とし、そこから陽気ぐらしへと守護される。

夫婦の間でお互いに見えるものは、自らの前生いんねんの姿である。夫婦の仲で教《おや》祖《さま》が受け取られるのは、仕込みやさとしではなく、さんげとたんのうである。

「夫婦の中たんのう一つの理、互いくとも言う」（明治30・7・19）

（平成30年6月号）

どん底で見つける希望

この度、胃ガン、膀胱ガンのお手入れをいただいた。不思議な偶然が重なり、早期発見である。手術によりガン細胞は全て摘出された。ありがたいご守護である。宣告を受けた時、「なぜ自分が胃ガンに?」と一瞬思った。実に高慢な心であった。命の長い短いは親神様のなさること。私がお願いしたのは、「出直すその時まで、御用にお使いください」であった。ガンという身上はそれができる。頭がしっかりしている。手足が動く。生きている間はおたすけができる結構な身上である。

私は元来、楽天家である。手術をすると痩せる。筋力が落ちる。入院前には努力して食べ、一キロ以上太り、毎日、スクワットをして足腰に筋肉をつけた。ある人に「あなたの場合は、病気なんかしていると、入院はできませんね」と笑われた。退院の翌朝から、朝づとめの一時間半前に起きた。皆は心配をしたが、動けることが嬉しかった。

さて、今月のテーマ「どん底で見つけた希望」そんなことができるのか。

心定めをして会社を退職し道一条に出たのに、愛《いと》し子を亡くす。全てを納消《なっしょう》して布教に出た夫を信じて通っている中で、夫が出直す。やっと神殿ふしんにとりかかり、これからという時に妻が出直す。

悲嘆、絶望、不信。神を疑い心が乱れる。真っ暗闇のどん底に光はない。

しかし、心定めをしての節である。泣きながらでも通ると見えてくる。生きて働く力よりも、出直してお働きくださる力のほうが大きいことが。

親神様の懐住まいには、どんなに辛い中にも限りない親心と喜びが奥深く内包されている。それを掘り当てる。それには、少し年限が必要である。


（平成30年8月号　どん底で見つけた希望）

偶然が三つも重なって見つかった癌

養徳社では毎年、社員に健康診断を受けてもらう。私はいつも断っていたが、市役所での変換手続きが大変らしく、申し訳ないので、一度受けることにした。(一つ目の偶然)。バリウムを飲んでレントゲン検査を受けた。その結果、胃はきれいで大丈夫ですよと言われた。

その少し前に、中年になった息子が体調を崩し、緊急入院した。処置が早かったので大難を小難にしていただいたが、その時にピロリ菌陽性とわかった。それで私も検査前の問診票に、ピロリ菌の薬希望と記入した。(二つ目の偶然)。ところが今は胃カメラの検査をしなければ薬は出せないとのこと。大層なことになったと思ったが、一度胃カメラというものを飲んでみようかと思い、初めて飲んだ。(三つ目の偶然)。その結果、胃の入り口に小さな癌が見つかった。さらに詳しく調べると膀胱にも小さな癌が見つかった。

もし、この三つの偶然がなければ、レントゲン検査で胃は大丈夫と太鼓判を押されたので、以降何年も胃カメラによる健康診断は受けなかったと思われる。胃と膀胱の癌はかなり進行して、発見された時には手遅れになっていたであろう。

ありがたい偶然のお陰である。

しかし、私は自分に起きることは全てが必然であると思っている。これは良いことだけではなく、悪いことについてもそうだと思う。偶然やたまたまと考えると、事の本質、ご神意に気づくことができなくなってしまう。

出直すその日その時まで、しっかりと御用をさせていただくことが私の使命だと考えている。

生活と信仰

私の曽祖父《そうそふ》、大教会の初代会長は農家の次男に生まれる。独立自尊の精神に富み、多くの反対の中、裸一貫から商売を始め、大和の南半国に知れわたる店舗を築き上げる。

その頃の信仰に対する考え方は、

「人間は努力をせずに神仏に縋《すが》って望みを叶えてもらおうと思うのは卑怯《ひきょう》である。知恵と努力を重ねたならば、必ず所期の目的は達せられる。信仰は生活の従であって、生活それ自体が信仰であってはならない」

というものであった。

ところが明治十九年、コレラの大流行の最中《さなか》、唯一の理解者である義兄夫婦が数日のうちに次々とコレラで出直し、二人の子どもが取り残される。葬儀や後始末をして帰宅した時には、コレラ菌が身体いっぱいに付着したように感じた。さすがの強気も微塵《みじん》に打ち壊され、理知もふっ飛び、たとえようのない不安と絶望に陥《おちい》った。そして、かねてから聞いていた庄屋敷村の生き神様に引き寄せられるように独《ひと》り、おぢば帰りしたのが入信の元一日である。

おぢばで聞く、裸一貫のこの身体も実は自分のものではなく、親神様からのかりものであり、心通りに貸してくださるというお話は、意表を突くものであった。

また、「陽気ぐらし」は「神人和楽の陽気ぐらし」が基本で、親神様にお受け取りいただき、お勇みいただく暮らしであるとのこと。

めへ〱のみのうちよりのかりものを
しらずにいてハなにもわからん　（三　137）

身の内かりものが心に治まらないと、人間とは何か、この世とは何か、生きる目的も生も死も何も解らない、お先真っ暗な人生になるということに気づくのであった。

（平成31年新年号）

ほめ上手　叱り上手

ほめるのが苦手の私だが、孫は可愛い。ちょっとでも何かができると、「かしこいねェー」とすぐにほめる。まるで、ほめられるために生まれてきたようだ。赤ちゃんは愛情いっぱいにほめられ、少し叱《しか》られながら成長していく。

大人も、叱られるより、ほめられるほうが前向きになり、成人する。しかし、ほめることはことのほか、難しい。

人をほめるためには、よくその人を観察して、優《すぐ》れたところを探すこと。そして、結果より過程をほめる。途中の努力や心づかいをほめる。つまり、人柄、人間性をほめるのである。

ほめるのが気恥ずかしい人は、簡単なほめ言葉から始めるのがいい。「○○してくれて、ありがとう」、「○○できるのは、すごいね」、「あなたの○○が好きよ」などと具体的に丁寧にほめる。具体的でなければ、お世辞になってしまう。

叱ることは悪いことではない。悪いのは感情にまかせて怒りをぶつけることである。愛情を持ってタイミングよく、穏《おだ》やかに叱る。

特に注意することは、失敗を叱っても、「お前はそういう人間だ」などと、決して人格は責めないこと。叱った後には必ずフォローする。

人との比較は絶対にしない。比べることは優劣をつけるだけで、良いことは何もない。

また、長時間、叱らない。人の前では叱らない。叱る時は、まず、ほめてからにする。心が開くから、注意される言葉が入りやすい。

七、八割ほめて、二、三割叱る。これは教育の常道であり、修理肥の基本でもある。ほめ言葉は「たんのう」の心から出てくる。ほめた自分までも、陽気ぐらしができる魔法の言葉である。

（平成31年2月号）

ほめるのは難しい。どうすればいいか

学生担当委員会で開発した「ハープ」（集団カウンセリング）のプログラムの最後によく、ほめちぎり大会をする。

数人のグループを作り、全員が順番に一人ずつを一分間ほめちぎるのである。一分間ほめ続けるということは大変難しい。十秒か二十秒ほめるのが精一杯である。

親が我が子や孫をほめるのであれば十分でも二十分でもできる。しかし、他人をほめるのは本当に難しい。毎日、関心を持ってその人をよく見つめ、良い点があればメモをしておくと、一分間くらいほめる材料ができる。

ほめるということは、その人の心づかいに興味を持ち、常に人柄を観察する。これはおたすけ人の心得とも言える。理の親になるためである。

癖、性分を取る

無くて七癖《ななくせ》という。自分では気づいていなくても、誰にでも癖はある。育った環境や親、家族、先輩や仲間などの影響で、いつのまにか身についてくる。癖は早くから自覚して、一つでもいいから直そうと努力していれば、成人とともに取れていくことがある。

一方、性分《しょうぶん》は生まれつきの性質と言える。前生から持ってきたものであり、簡単には直せない。

教祖《おやさま》は「やさしい心になりなされや。人を救けなされや。癖、性分を取りなされや」（逸話篇　一二三）と教えてくださっている。お言葉の順序に従って思案すると、癖や性分を取るにはまず、思いやりのある優しい心になる努力をする。そして、人だすけを心がける。おたすけができるようになると、悪い癖や性分が取れてくると悟ることができる。

教祖は「栗はイガの剛《こわ》いものである。そのイガをとれば、中に皮があり、又、渋がある。その皮なり渋をとれば、まことに味のよい実が出て来るで。人間も、理を聞いて、イガや渋をとったら、心にうまい味わいを持つようになるのやで」（逸話篇　七七）とお聞かせくだされた。

性分を変えるのは難しい。しかし、教祖の教えをしっかりと心に治めて、まず三年千日、ひながたの道を真剣に通り切れば、性分はその人のいい持ち味に変わってくる。

神経質で先案じの強い人は、こまやかな気配りのできる人に。

短気ですぐにカッとなる人は、潔く決断のできる人に。

やる気があるのか無いのか分からないボーッとしている人は、何とも言えない包容力のある人になれる。

この道をこつこつと真実誠の心で通っていけば、年限とともに短所が長所に反転して、その人ならではの持ち味が出てくるのである。

（令和元年7月号）

正直（嫁姑がうまくいく秘訣）

「正直とは？」と質問されて、どのように答えるのか。うそを言わぬこと。これでは余りにも不充分である。文字どおり、正しく素直な心と言っても、何かしっくりこない。

教祖《おやさま》は、「陰でよく働き、人を褒《ほ》めるは正直」（逸話篇一一一）と教えられる。

正直はどうも「陰」ということがポイントになるようだ。

陰とは誰も見ていない自分しか知らないところ。その陰でした心づかいや行いを、全て親神様は受け取られる。人の目のあるところは、人の評価があるので、親神様は半分くらいしか受け取られないのではないか。

教祖は徳積みの大切さをお教えくださるが、その中でも、陰での徳積みを強調される。陰を大切にする心が正直であり、慎みの心に通じる。慎みは往還《おうかん》とも教えられる。

陰で努力をしよく働く、そして、人をほめる。すると、どんな困難な人間関係でも、必ず好転していく。

人間関係の中でも嫁姑《よめしゅうとめ》の難しさは、日本人の永遠の課題である。この嫁姑の問題も陰を大切にすることにより見事に治まっていく。

陰でお互いにほめ合うのである。

姑は「うちの嫁は若いのに、よく気を使って一所懸命にしてくれるのよ」と人に言う。嫁は「お姑《かあ》さんは厳しいように見えますが、本当は私のことを気にかけてくださっているのです」と。

もちろん嫁姑の二人だけの時は、姑は注意することは率直に注意したらいい。嫁も思うことがあれば忌憚《きたん》なく尋ねたらいい。

陰の理を大切にすれば人もうらやむ母娘《おやこ》になれる。

これは嫁姑が仲良く暮らすための、教祖直伝《じきでん》の秘訣とも言える。


（令和2年新年号　正直）

第四章 日々の信仰を見つめて

理と情

人を育てるには、理をもって厳しく仕込むか、情をかけて温かく導くか、二者択一《たくいつ》的に考える人がいる。私は理か情かという対立する考え方ではなく、理と情という二つ一つのイメージが大切だと思う。

この世は理で責めたる世界と教えられる。理とは基本的には、親神天理王命の思召、お働き、その筋道《すじみち》ということであろう。それは絶対的なものであるが、その理には子ども可愛いという親心が込められている。究極《だめ》の教えの所以とも言える。

セム系の宗教（旧約聖書など）の神様は、人間の心づかいや行いに影響を受けることはなく、絶対服従を迫る厳しい神様である。

それに比して、親神様は「人が勇めば神も勇む」（明治22・3・17）と仰せられ、人間の誠真実に呼応してくださる。

教祖は桝井伊三郎少年に対して、「救からんものを、なんでもと言うて、子供が、親のために運ぶ心、これ真実やがな。真実なら神が受け取る」（逸話篇　一六）と仰せられている。

私たちは理を受ける場合、姿形がいくら整っていても、師弟の間に培《つちか》った恩愛の絆がないと、しっかりと理を伝えたり受けることは難しい。理は温かい情愛の中でこそ立つのであり、流れるのである。

理を流す者は、自らが率先垂範《そっせんすいはん》する心構えが大切である。少なくとも、共に通る決意がなければならない。

教義や思召が真に心に治まるには、話をするだけではなく、自ら身をもって実践することが欠かせない。

苦しみや悲しみを解ってくれている人の透徹《とうてつ》した理の声を受けて、実践のエネルギーが湧いてくる。

我が身可愛いという人間思案のない信仰者に導かれるほど幸せなことはない。

（令和2年2月号）

もったいない

深刻な栄養不良に苦しむ人たちの多くいる世界で、大量の食料が廃棄されている。特に、まだ食べられるのに捨てられる食品ロスの問題に心が痛む。その中でも家庭や外食産業から出るものは、私たち一人ひとりの努力で対応できる部分が少なくない。

私は孫を連れて食べに出るときは、自分の注文を最小限にする。孫の残すのを食べるためである。これは子どもの頃から食べ残さないということを厳しく躾けられた賜《たま》物《もの》である。

「薄きは天のあたゑなれど、いつまでも続くは天のあたゑという」（明治21・9・18）と教えられる。

陽気ぐらしのできる本当のあたえは、欲深い人間からすると、少しもの足りなく思う。しかし、子、孫、ひ孫と末代まで結構にしていただける。

持続可能な社会をつくるには、薄きあたえを喜び、「もったいない」という心が重要な鍵となるであろう。

「もったいない」という日本語は、環境分野の活動家でノーベル平和賞を受賞したケニア人女性、ワンガリ・マータイさんによって世界へ広められた。この言葉は削減（リデュース）、再利用（リユース）、再資源化（リサイクル）に加えて、尊敬の念（リスペクト）の四つのRをひと言で表わしていると言われる。日本語の「もったいない」という言葉に相当する言葉は、世界中で他に見当たらないらしい。

私たちは「尊敬の念」を神恩に対する「報恩の念」ととらえたい。

親神様の子ども可愛い親心とお働きがあらゆる物に込められている。だから、粗末にすると「もったいない」のである。

教祖《おやさま》は「物は大切にしなされや。生かして使いなされや。すべてが、神様からのお与えものやで」（逸話篇　一三八）と仰せられている。

（令和2年3月号　物を大切に）

私の地域活動

昔は向こう三軒両隣りが、家族のように暮らしていた。今はその連帯感がうすれ、人間関係は希薄になっている。悲しい事件が後を絶たない。

一方、青少年の健全育成、高齢者や障害者の支援、防犯、防災、環境美化など、ボランティアによる地域活動の重要性はますます高まっている。迅速《じんそく》で心のこもったきめ細やかな対応という点では公正、公平を旨《むね》とする行政には自ずと限界がある。

教内で地域活動と言うと、教区や支部、組の活動をイメージする人が多い。これらは多くの場合、与えられ指示されるものである。一定の成果を得るには組織として動くことも必要であるが、願わくは、自主的、自発的に一人ひとりのおたすけの心から出たものでありたい。

例え話である。大型の豪華客船が沈没して、大海原に千人の人が投げ出されたとする。月日のやしろ、教祖《おやさま》なら千人を一度に救《たす》け上げることもできる。

ひながたのをや、教祖ならどのような救け方をされるのか。思うに、一番身近にいる人を救けられ、その次に近くにいる人を救けるという具合に次々と救けられるのではないか。教祖は、村方《むらかた》早くにたすけたいと仰せられる。

私たちも足もとから、自分のできるおたすけ、ひのきしんはないかと、常に心のアンテナを立てることである。

誰にでもできる第一歩は近隣の「清掃」や「除草」であろう。「子どもの見守り」、そのための「声がけ」も、心さえあればすぐにでもできる。

まず「挨拶」から始めるといい。出勤や買物、散歩の時に。いずれ誰かを誘うにしても、一人でもできることを地道に続ける。日課に組み入れることである。

あなたも地域社会へのデビューを考えてみたら。人生が豊かになりますよ。

（令和2年4月号）

どんな地域活動をすれば良いか

地域社会への貢献は、町内会や自治会の活動に積極的に参加するのもいいと思う。活動内容は老人会や子ども会、行政や警察などとの連携もあり多岐にわたっている。清掃美化運動、リサイクル活動、交通安全の活動、健康増進活動、青少年育成活動、安全安心の活動（防犯パトロール）、防災や救援の訓練、福祉関係の活動、親睦活動（盆踊り、納涼祭、餅つき、スポーツ大会）など。

教祖は村方早くにたすけたいと仰せられている。ひのきしんの精神と、においがけ・おたすけの心で努《つと》めよう。

地域活動へのデビューは、まず出会う人への挨拶から始めるとよい。できるだけ声を出して挨拶をしよう。街の景色が変わってきますよ。

お道の者の挨拶は、人への礼儀として行うだけのものではない。親神様からのかりものへの感謝の心を言葉に出して、お互いに喜び合うのがお道の挨拶である。

頭を下げ目礼だけではなく、「朝早くから元気に動かせていただいてありがたい」という気持ちで、「おはようございます」と言い、「今日もかりものの身体を使って頑張りましょうね」という心で「こんにちは」と声に出して挨拶をしよう。

つまずき

道は一代ではない。

命にかかわる身上や重大な事情は、末代を見通してたすけたいという親心からのお手入れである。

他方、小さなつまずきは、大きな節を見せられる前触れの場合が多い。親神様は決して不意打ちはなさらない。「何度の理に知らさにゃならん」（明治23・7・7）と仰せられる。

つまずきや節は本人も家族も、大切な学びの機会、成人へのプロセスととらえる。そのためには、ほこりの多い自らをしっかり自覚をした上で、教祖のお導きを信じきる。

私は若い頃、気が短くすぐに腹を立てた。この小さな失敗は決して小さくない。はらだちから出た言動を償《つぐな》うのに十年以上の歳月がかかったことがある。あの時、負けておけばよかったのにと随分、悔やまれた。

まして、理の上の謀反《むほん》は一代かかっても取り返しがつかないこともある。自分に同情せず、徹底的に自己批判をする。ずぬけの阿呆になって心機一転、行動を起こす。もし立ち上がれないのであれば、落ち切り方が足りないか、まだ高慢の心、我《が》の心が重すぎるのである。

どうしても勇めない時は、一心不乱にひのきしんに汗水を流す。無心におぢばを目指して歩く。ひたすら身体を動かすのである。きっと心は軽やかになる。

大事なものは先のほうにあるのではなく、足もとにある。自分の心の中に求める。この道は外につけるのではない。自分の心につけるのである。心につけただけが外に道がつくと先人は言う。

教祖《おやさま》はいかに幸せになるかではなく、いかに幸せに値《あたい》する人間になるかということを教えてくださったのである。

（令和2年6月号）

新型コロナウイルス大流行に想う

新型コロナウイルスが世界中で猛威をふるってきた。人ごとではない。親神様は何を急き込まれているのか。

自然の大災害や感染症の地球規模の拡散は、親神様の「お手入れ」であり「かやし」「ざんねん」である。これは被災者や罹患《りかん》者だけに対するものというよりも、世界中の全ての人々への警告である。

親神様は陽気ぐらしをさせようと人間世界をお創りになった。しかし、今の世界はそれと反対の方向に進みつつある。その一例をあげると、権力をもつ大社、高山は「〇〇ファースト」とか「反〇〇」を叫び、大衆の欲望に迎合して政《まつりごと》をする。一れつ兄弟姉妹の精神にほど遠く、対立は治まらない。

人類はこれまでペストやコレラなどの大流行で、社会の進歩と変質を経験してきた。中世のペストでは、ルネサンスから宗教改革へ進んだ。コレラでは上下水道など近代都市のインフラ整備に向かった。スペイン風邪は第一次世界大戦の終結を早めた。

今の新型コロナウイルスによる肺炎では、テレワークやＩＴ授業、オンライン診療などが急速に普及し、ＡＩ（人工知能）が大伸展するだろう。しかし、依然として親神様の「ざんねん」にお応えすることにはならない。

このたびのコロナウイルスの飛沫《ひまつ》感染と接触感染による肺や血管の炎症という身上から思案すると、ようぼくお互いは十全の守護の中の、特に、かしこねの命（息吹き分け、風の守護）、くもよみの命(飲み食い出入り、水気上げ下げ)、くにさづちの命(皮つなぎ、萬《よろず》つなぎ）のお働きの理から、日々の在り方を「さんげ」する。

その根底に次のお言葉を据えることが肝心である。

なさけないとのよにしやんしたとても
人をたすける心ないので
（十二　90）

（令和２年７月号）

生きるよろこび

生きる喜びは、生死の淵《ふち》から生還した人のものと思われる。しかし、そのような奇跡を体験した人でも、いつまでも喜びは続かない。残念ながら、喉元すぎれば熱さ忘れるのである。

人生は単純なものではなく、錯綜《さくそう》する明暗の中に紡《つむ》ぎ出される。人間の成長には「喜《き》」「怒《ど》」「哀《あい》」「楽《らく》」の全てが必要である。成ってきたことに、何を悟り、どのような生き方をするかを思案することが大切である。

親神様の懐住まいのこの世で、雑草のように生きる。価値があるから生きるのではない。生き抜くことに価値があり、喜びがある。

一輪の花として咲く。他と競うこともなく、たとえ一人の人の心でも温めることができたらいい。

男性の場合、全体を相手に大きいことをしようとする人はいるが、足下の小さいことに真心の限りを尽くす人は多くない。

身近な人を幸せにすることは、とりわけ難しい。それ故、値打ちがあり、この上ない人生の喜びとなる。

人の評価を気にしない。人に期待したり依存せず責任主体で生きると、年限とともに生きる喜びが深まってくる。人の評価に頼ると、最後は「うらみ」が残るかもしれない。これは人目標《めどう》の信仰をしている人が陥りやすい。

人は歳をとると個性的になる。やりたいこと、できることに集中するから、その人らしくなる。

私の場合、六十代になってからは朝づとめの一時間半前には起床する。誰よりも一番に起きるのが我が家のしきたりとなっている。また、この年になって、「ありがとう」「ご苦労さまです」と自然に言っている自分に気づく。昔の自分と比べて、嬉しくなる。

（令和2年11月号）

心に刻まれたあの日

私の心には、多くの人の笑顔や楽しい思い出が詰まっている。

今までに、もったいないくらい、いろいろな御用をさせていただいてきた。不思議なことに、どの部署でも新しいことを始める旬にめぐり合う。何かを始めようと考えていると、必ず手を差しのべてくれる人が現われる。不得手なところを補ってくれる。いつも皆から助けられてきた。

しかし、楽しい思い出ばかりではない。

出直していたと思われる交通事故を紙一重でまぬがれたことが二度ある。六十年前のことだが、学生時代、東京へ帰る信者さんの車に乗せてもらい、東海道で大型トラックに正面衝突しそうになった。その瞬間、口から火のかたまりが飛び出したように感じた。

もう一度は三十代のとき、ある大都会の大きなロータリーが工事中で、たくさんのコーンが並べられていた。一瞬、勘違いをして反対車線に入ってしまい、猛スピードで向かって来る対向車とぶつかる寸前に、コーンのすき間から本来の車線に回避できた。まさに間一髪。思い出すたびに心身が凍りつく。

しかし、こんな思い出も今では、鋭く光る刃《やいば》のようなものが無くなり、オブラートに包まれたように柔らかなものになっている。

この年までおいていただき、まだ、御用にお使いいただけるのは、教祖《おやさま》の親心があってのことと思う。それ故、出直しのその日、その瞬間まで、心の限りを込めて努め切ることを心に定めている。その必要がなければ、若くして出直しているはずである。

人間の記憶は年とともに、雪の朝のように現実を装いながら、退屈な部分や痛々しいところがきれいに覆《おお》い隠される。

どんな思い出も、信仰年限により発酵し、今の自分を意義づけるものに熟成するのである。

（令和2年12月号）

陽の気

陽気とは明るく賑《にぎ》やかで、ジョークや笑いのあることのように思われる。しかし、そこにはネガティブな雰囲気を嫌う空気が生まれ、心を病む人などには疲れる場となってしまう。

笑いだけでなく、それに、ご守護を信じる無邪気さ、どんな人にも寄り添う優しさが加わると、教祖《おやさま》にお喜びいただける「陽気」になるのだろう。

古来、「陽気」は万物がまさに動きだし、生まれ出ようとする気と言われている。

親神様はこの世の元初まりにおいて、どろ海世界を味気なく思召し、人間を創り、陽気ぐらしをするのを見てともに楽しもうと思いつかれた。それ以来、人間世界は、親神様からの子ども可愛い親心、「陽の気」をいただいて、陽気ぐらしに向かって末広がりに進んでいるのである。

教祖は夫様のお出直しの年に、こかん様を大阪に遣わし、天理王命の神名を流される。


赤貧の道中、やっと手に入れたお米を難儀な人に何の惜し気もなく与えられる。

弁難攻撃や官憲の弾圧の中で、陽気なたすけづとめを教えられる。

教えを説くだけでなく、自ら教えを実践することを基本とされた。

さらに、現身《うつしみ》を隠し存命の理をもって、たすけ一条の先頭に立たれる。

苦難にもかかわらず勇み立つお姿、これ、ことごとく「陽の気」の表れである。

現在は、少し「陽気」が不足しているように思う。教えを説く人は多いが、自ら実践し、おたすけをする人が少ない。


（令和3年新年号　陽気心）

おやさまのお姿を拝して

ボルドー教会の三代会長、ジャンポール・シュードル氏の修養科中の話である。初代会長の兄と異なり、日本への留学経験がなく、日本語はできない。修養科にはフランス学科を卒業した青年が同伴したが、講義の通訳は無理。授業中、彼はフランス語の教典、教祖伝、おふでさき、みかぐらうた等をひたすら読んでいた。そして、一つの心定めをする。修養科中に、おてふり十二下りをつとめられるようになることを。フランス語のみかぐらうたは、日本語と文法が違うので、言葉と手ぶりが一致しない。おてふりをするには日本語のみかぐらうたを覚えるほかない。

彼は修養科の往復にはリュックサックを背負い、常にローマ字のみかぐらうたの冊子を手に、歌いながら歩いていた。まさに、フランスの二宮金次郎であった。

誰かがおてふりの練習をしていると、必ずその中に入っていった。そして、三カ月で見事に十二下りのおてふりができるようになったのである。横を見ながらではなく、前を向いて堂々と踊る。私は感心し感激した。

どうして、たった三カ月でマスターできたのか尋ねた。すると、もし、日本語のみかぐらうたを暗記せよと言われたら、できなかっただろう。幸いにもメロディーがついていて歌うことができる。さらに踊れるようにもなっている。歌詞とメロディーと舞踊《ぶよう》の三つが一体となっているので覚えることができたと言う。

彼は修養科修了間近のある日、教祖殿の奥のほうに、赤い着物の白髪のお姿を目にした。「おやさま」だと思い、「ありがとうございます」と声を出したという。おつとめ三昧《ざんまい》の日々を過ごして、教祖《おやさま》のお姿を拝したのである。教祖は目を細めて彼をご覧くださっていたのであろう。


（令和3年4月号　おやさまを感じて）

ボルドー教会は、どのようにしてできたか

フランス語のできない私がフランスにヨーロッパで唯一の教会を設立させていただけたのは、二代真柱様が柔道を世界中に広められたご功績の賜物《たまもの》である。ボルドー教会の初代会長、ベルナール・シュードル氏も多くの留学生と共におぢばで二、三年柔道の勉強をさせてもらった。

二代真柱様の親心をいただいて、だんだんとようぼく、そして教会長にならせていただいた。その弟が今の会長である。私はシュードル家の講社まつりのため神実《かんざね》様を奉じて、初めてフランスに渡った時から、毎回、座りづとめと十二下りのおつとめだけは徹底的に勤めた。教理を充分には取次げないし、おさづけで鮮やかなご守護を数々お見せいただいたわけでもない。

しかし、おつとめだけは終始一貫、真心の限り勤めた。フランス人はみな天理教はおつとめが一番大事なのだと思ったのである。その理がジャンポール会長に表われたのであろう。また、毎年夏にはおぢば帰り団参が実施され、大教会あげて団参の受け入れをした。おつとめとおぢば帰り団参により、教会設立まで成人してくださったのである。

修養科のススメ

次に記すような人には修養科をお勧めする。

・人間関係に疲れた人。

思い切って孤独を楽しむのがいい。人の評価を気にせず、何かに依存せず、自分が人生の主人公になる。他人や過去は変えられないが、自分と未来は変えられる。

・不幸が続く人。

あらゆる出来事に意味があり、苦難は不幸ではない。人は欲しいものを願うが、神様は陽気ぐらしに必要なものをくださることを学ぶ。

・生活習慣が破綻した人。

「朝起き」から始める。朝は一日の中で一番のゴールデンタイム。祈るように働き、祈るように食べる。

・社会の落ちこぼれと思っている人。

暗黒《あんこく》のドン底に落ちても、上空のきらめく星をながめることができる。光輝くものは暗闇《くらやみ》の中から見えてくる。失敗しても、やり直すチャンスはある。下へ下へと根を伸ばすのである。

・教えられるより刺激を望む若者や、目標や生き甲斐を持たない青年。
そして、修養科を出ると、このような人になれる。
・花は人に持たせ、自分にはほのかな香りが残るような人。
・笑顔で「ありがとう」と言うのが好きな人。
・もらう立場から与える立場になりたい人。
・健康を失っても、人間として輝く人生でありたい人。
・美しく齢《よわい》を重ね、人生を楽しみたい高齢の方。
修養科は十七歳の若者から九十代の人たちまで、三カ月間、共に学ぶ所。
全人類の親里、「おぢば」で「おやさま」が手を引いて、生まれかわりの道へと導いてくださる。それが修養科である。

（令和3年7月号）

お道の教えの素晴らしさ

天理の教えは究極《だめ》の教えである。人間は十のものなら九つまで、世界の宗祖、開祖、聖人、賢者から教わり、学んできた。しかし、究極の一点がわからなかったから、陽気ぐらしの世界ができたためしがない。その一点を教えるために、人類の親なる神様が、教祖《おやさま》をやしろに直々《じき》に顕《あらわ》れたのが本教である。

教祖はキリスト教、イスラーム、仏教という世界三大宗教や、何千年の昔からある宗教とは基本的に違う世界観、人間観、救済観を示された。

この世の終わりや選別などなく、明るく希望に満ちた未来へ続く歴史観を明かされたのである。偏《かたよ》った戒律やタブー、さらには怨霊や悪霊の呪縛《じゅばく》から私たちを解放してくださった。

セム系一神教の原理主義者の一部のように、他宗を信じる者を悪魔として排斥すると、戦争やテロが絶えない世の中になってしまう。反対するのも可愛い我が子と仰せられる教えこそ、究極《だめ》の教えたる所以《ゆえん》である。

他宗では女性蔑視の教えが根強く、本教のように、最高の儀式である「かぐらづとめ」に男女が等しくお役を勤めるようなことはない。

神や仏の偉大さを強調する教えはある。しかし本教ほど人間の生命の尊さ、神のからだと教えられるこの世、自然の大切さを説く教えもない。人権問題や環境問題の解決は、究極の教え以外では難しいのではと危惧《きぐ》する。

また、世界宗教で、宗祖が自ら筆をとって聖典を書いたところは無いようである。みな後の人々が記したものである。人間が書いた聖典や経典は神仏を讃える美辞麗句に満ちている。

本教の原典である「おふでさき」は、月日のやしろである教祖が直々に書かれたものので、親神様のお言葉そのものである。実に素朴であるが、一言で万巻の書物ができる教えの神髄と言える。

（令和3年10月号）

ふせこみ（青年づとめ）

花や実を求め種をまく。土を掘って隠すように埋める。成長を望むものは、根を地中に張り巡らす。天理教ではこれを「ふせこみ」と言う。信仰の基礎をつくるのである。

青年づとめなどの伏せ込み中は、何をしたのかと思うくらい目に見える成果はない。代《か》わり映《ば》えのしない日々の繰り返し。神のみぞ知る世界。孤独のうちに魂は磨かれる。若い時は努力をしようと思っている限り、迷うものである。勇めず、どんなに落ち込んでも終わりではない。しかし、止《や》めたら終わりになってしまう。

苦から逃げようとすると、苦が追っかけてくる。楽を追えば楽は逃げていく。苦労の中に飛び込んでいくといつか楽しみに出会える。

見返りや価《あたい》を求めては伏せ込みにならない。人の目を気にせず、神様目標《めどう》にひたすら真心を尽くす。それゆえ、おぢばや教会などが一番の伏せ込み場所となる。

やしきハかみのでんぢやで
まいたるたねハみなはへる　（七下り目　八ツ）

世上へ就職すると、何がしかの給与をもらう。教会での青年づとめでは、給与に匹敵するものは親神様への預金となる。将来、いざという時になるほどというご守護を見せてくださる。

ガンの経験がなくとも、ガンで苦しむ人のおたすけをさせていただける。両親に可愛がられて育っても、親から見捨てられ人生を踏み外した人のおたすけができる。伏せ込みがものを言うのである。

（令和3年11月号）

物を活かす

物を活かすには、物を粗末にしないことが前提となる。私は食べ物を粗末にしないことを、小さい時から仕込まれた。

今では、会席弁当を食べる時は、食べる枡目を決め、手をつけた所は全て食べ、残す所はいっさい手をつけない。決して、あちこち手をつけて食べ散らかすことはない。これは習慣になっている。今では食べ物には恵まれ過ぎるほど恵まれている。

近頃、よく物をいただく。毎日のように誰かが持って来てくださる。おたすけの相談やお世話した方々からの物が多い。もったいないやら、申し訳ないやら、恐縮の至りである。

妻は人に物をあげるのが好きである。ちょっと残しておいたらと思うが、気前よく人にあげてしまう。計画的ではなく、人が来てくださるのが嬉しいからである。それを私がほめるから、ますます人に物をあげる。だから余計にいただくようになる。

物を活かす暮らしは、教祖《おやさま》がおひながたでお示しくださっている。貧のドン底をお通りくださっている時、やっと手に入れた食べ物を、門さきに立つ物乞《ものご》いに惜《お》し気《げ》もなくお与えになる。これこそ物を活かす暮らしの最高の姿である。それは人を活かすことになるから。

物だけに限ったことではない。富や恵まれた境遇も、いただく時はありがたく戴く。ただし、手放すべき時は渋らない。すると、教祖はお喜びくださり、人も自分もみなが活きてくる。

形ある物はいつか壊《こわ》れ廃《すた》れる。いつまでも奪われず、無くならないもの、それは心の中の、人を喜ばした感動、感激である。

（令和４年３月号　物を活かすくらし）

おやさまにお縋りする

私は毎日、朝づとめの前に、二十数分ほど教祖殿で教祖《おやさま》に祈願させていただく。あまり長いので、眠っているのではないかと言われたこともある。

お願いする件数が増えて、今は百八十件ほど。少ない時でも百五十件はある。主《しゅ》として個人名や教会名を言上するが、心にかかる場合はその内容も申し上げる。もう二十年近く続いている。

ありがたいことに、教祖はその時々にいろいろと心に浮かばせてくださる。初めて気づくこともあるが、ほとんどはすでに気づいていることで、もう一つ決断がつき難いことを明確にそうしようと心が決まるのである。そして節から芽が出るご守護をくださる。

年に何回か、新たな気づきや悟りが生まれる。教祖がお連れ通りくださっていると実感する瞬間である。

一対一のおたすけ相談の時に、一番心がけていることは、助言や忠告など言葉を尽くすことはせず、一切の先入観を排して相手の一言ひとことをしっかりと受けとめるようにしている。

その人の存在そのものから出てくる感情に共感することを目指している。

無理におさとしをしようと思わない。おたすけ人だ、教会長だと自意識が強すぎると判断を誤る。ひたすら、祈りの心で接する。思いもよらぬ気づきをさせていただける。

最近、小さな虫を殺せなくなった。老いて不自由になり、できないことが増えてくると、初めてできることがある。

祈り。信じるから祈るのではない。祈るから信じられる。教祖にひたすらお縋《すが》りするのである。

（令和4年4月号　おやさまとのつながり）

おつとめや参拝の時のお祈りの仕方

祈りとは、お礼やお詫び、心定めやお願い、あるいは信条を申し上げる時に、一筋心《ひとすじごころ》で神様に縋り願い込むことである。

私たちは祈ることにより願いを叶《かな》えていただくのである。

「叶える」は口へんに十と書く。言葉を口に出して十回唱えるといいのかもしれない。

言葉にせず頭の中だけで、具体的に願うことは私にはできない。気持ちや感情を整理して、言語として祈らなければ、神様に届く願いにはならない。私の場合、小さな声で言葉に出して祈願している。

言語化すると明確になり力が生まれる。言葉は意識を変え、意識は行動を変え、行動が結果を生み出す。神の加護がある。その加護に感謝の言葉を添えるのが一番力強い祈りとなる。人は神様を信じているから祈ると思われるが、本当は逆で、祈るから神様を信じることができるようになるのである。

育つ力

若い頃から、もったいなくも、いろいろな御用にお使いいただいてきたが、一方で、ほこりもずいぶん積んできた。

ついに、数年前、親神様は身上にお見せくださった。

術後は食べることが大仕事になり、旺盛な頃に比べ体重が十数キロ落ちた。今は快調とは言えないが、そのお陰で、いんねんに流されそうになることもなくなった。どんな人とも自然体でお道の話し合いができ、おたすけをさせていただける。私にとって今の体力がちょうどいいお与えなのであろう。

八十歳になると、こんなに皆さんが頼りにしてくださるのか、これほどの好意に浴することができるのか。それに応えようとすると、ますます好循環する。

近頃は何事も夫婦で対応している。すると、倍の力ではなく、倍以上の力が生まれてくる。二人の感じ方や方向性が共通しているからであろう。

しかし、現実には我が家にもご多分にもれず辛く苦しいことが一つある。いんねんの現われで、たんのうをしなさいとのご神意であることは痛いほど解っている。それができない。何度も心定めをするが、続かない。赦《ゆる》すのは相手のためではない。自分のためである。

お陰さまで近頃はたんのうとまではいかないが、強い言葉がわが口から出なくなり、一方的に口撃されるだけで治まるようになってきた。事情を知らない人がこの光景を見ると、たいへん驚くだろうと思う。

どんなことでも先案じせず、黙って受け入れる。その努力を出直すその日まで続けようと思う。

自らの育つ力を教祖に祈り願いながら。

（令和4年7月号　人が育つ力）

インターネット社会

人類は他の動物と違って道具を作り出し、文明を生み出した。しかし、今ではその道具の召使《めしつか》いに成り下がっている人がいる。スーパーカーを運転すると、その加速力を自分の力と勘違いする。銃を手にすると、攻撃力に酔って自制心をなくす。

パソコンやスマホでも、同じ現象が起こっているのではないか。

昔は激変することを「一夜にして」と言ったが、今では「一瞬にして」、「悪事千里を走る」否《いな》、「万里を走る」時代である。

「ネットいじめ」が人を死に追いやる。本人はSNSで軽いいたずらをしたくらいに思っているから恐ろしい。人を笑いものにすると、冗談ではすまない残酷な結果を招き寄せる。

いじめで許せない罪の一つは、人が誹謗《ひぼう》中傷されているのに無関心でいることである。

人間は一人でいると利口で分別もあるが、集団の中に入ると馬鹿になってしまうようだ。

ＳＮＳ社会に振り回されている人が実に多い。常にスマホが気になり、どんな所でも、ちょっとの時間でもメールアプリを立ち上げる。そして、無駄な不安や心配を抱え込む。

これは常に誰かと繋がっているようで、実は一番身近で大切な人間関係を拒絶している姿かもしれない。

先日、定期検診で病院へ行った。待合室で多くの人がスマホを見ている中で、見ていない人の横に座り、「おはようございます」と挨拶をした。すると「暑いですね、大丈夫ですか」と優しい声が返ってきて嬉しくなった。

デジタルを介した付き合いに疲れた時は、意識して生《なま》の声をかけることをお勧めする。慣れ親しんだ環境から少し離れてみることも必要なのでは。

（令和４年９月号　私のインターネット活用法）

SNSに振り回されていませんか？　心の毒素を排出しましょう！

ＳＮＳ（ソーシャル・ネットワーキング・サービス）に疲れている人の中でも、一番多いのは若い女性だとも言われている。単なるコミュニケーションの手段ではなく、彼女たちにとっては自己実現や自己表現、自己承認などに活用しているので、疲れても退会しない人が七割もいるらしい。

このような人には時々、ＳＮＳから距離をおいて、友人や知人と直接、生の声で話し合うように提案する。

今、女性に限らず、「デジタル・デトックス」と言って、ＳＮＳやスマートフォン、コンピューターといったデジタル機器から離れ、心にたまった毒素を排出することの重要性が叫ばれている。

具体的には趣味を楽しんだり、日々の幸せに気づくように新しく何かを始めてみる。

スマホに代わって、本を読む。手書きの日記をつけてみる。散歩をして周囲の情景を観察する。サイクリングやピクニックなど余暇を楽しむ。

もっと直接的方法はスマホの電源を切り、手の届き難い所に置く。デジタルを使用するルールを決め、触れない環境をつくる。今までデジタルでしていたことの一部をアナログな手法に換えるなど。

これらには強い意志が必要となる。ネット断ち、ＩＴ断食など、「心定め」をするのである。最初は短時間から始め、慣れてきたら一日、二日と長期戦に挑戦するのがいい。

信仰にめざめる

私の場合、門前の小僧習《なら》わぬ経《きょう》を読むの類《たぐい》で、信仰のめざめはいつかといくら考えてもわからない。あえて言うなら、母親が初めて私を信仰者とみなし、私がそれに応えた時だと言えるのではないか。

それは大学四年生の時で、東京で青春を謳歌していた頃である。時あたかも教祖《おやさま》八十年祭活動の仕上げの年、おぢばではおやさとやかた西棟のふしんが大詰めを迎えていた。憩の家の本館であり、当時、日本一、否、東洋一の病院ができると言われた。

母親はその頃、事情教会の会長をしており、常に何か心定めをしていた。母親から毎月のように手紙が来た。おぢばの様子や大教会、部内教会の動きが書いてあった。

ある日突然、「大教会ではおやさとやかたの瓦のお供えをすることになり、一人ひとり何枚と心定めをしている。幹禎も思い切った心定めをしてお供えをしてほしい」という手紙が来た。

貯金もない、その月暮らしの状態だったが、何の迷いもなく、友達に借りてお供えしようと心が決まった。

一番仲の良かった同じ関西出身の友達に、事情を正直に話すと、「冨松のとこは天理教やからなァ」と気前よく貸してくれた。借りたのは年間の授業料の半額に当たる額で、私立大学だったので大金である。卒業までの間に必死にアルバイトをして返した。

その頃、私におつくしの信仰があったとはとても思えない。ただ母親の気持ちに応えたかったのである。

信仰にめざめたとは言えないが、私にとってこのお供えは、よくぞ母親は言ってくれたと、今でも感謝している。

信仰者としての私の宝物の一つである。

（本のために新たに執筆）

教祖の予言

教祖《おやさま》は月日のやしろにお定まりになり、世界一れつをたすける究極《だめ》の道をひらかれた。それは困っている人々への施し、貧のドン底に落ち切る道から始められた。中山家から世界の親里ぢばへの大転換をはかられたのである。私たちにとっては、いんねんを根本から立て替えるおひながたとも悟れる。

さらに、教祖は「元の理」を教え、元のぢばを明かし、たすけ一条の道として、つとめとさづけを教えられた。そのために官憲からの弾圧が始まり、警察や監獄に何度もご苦労された。その中も揺らぐことなく、神一条の信仰を急き込まれ、さらに現身《うつしみ》を隠して存命の理に変えられる。

教祖は現身を隠された時に、「さあ〳〵ろっくの地にする」と仰せられ、「をやの命を二十五年先の命を縮めて、今からたすけするのやで。しっかり見て居よ。今までとこれから先としっかり見て居よ。……」（明治20・2・18）と予言された。

確かに、現身を隠される少し前を境目として、我が国においては科学文明をはじめ、あらゆる分野で加速的に進歩をしだす。農業や工業の生産は飛躍的に増大し、交通、物流、金融、情報伝達など社会構造は大変革。政治は民主主義へ。教育制度も整い、医療も進歩して、長寿社会を実現。文化生活を享受できるようになる。

戦争という悲惨な時代もあったが、しかし、今では世界で一番行きたい国は日本という調査結果もある。街は静かで清潔。人々は優しく、安全で安心な民度の高い国と言われる。

これは村方早くたすけたいと仰せられる、教祖のご予言どおりのお導きによるものである。どんなにお礼を申し上げても充分ということはない。

しかし、陽気ぐらし世界にはまだ程遠く、ようぼくの使命の重大さは依然として変わりない。

（令和4年2月号　あぁ、教祖）

教祖年祭のつとめ方

お道の歴史を振り返ると、十年一節として勤められる教祖《おやさま》の年祭のたびごとに、教勢は飛躍的に伸展した。

十年の最後の三年千日が年祭活動であるが、それまでの七年間と比べて、三年千日だからといって特別違う信仰をする訳ではない。

しかし、ようぼくは皆、必死になって、懸命に、遮二無二、背水の陣を敷いて、捨て身の覚悟で勤め切った。それによって一人ひとりの信仰に、各教会の信仰にズッシリとした筋金《すじがね》が入り、子どもや孫にも確かな信仰が伝わったのである。

特に教祖三十年祭からは、事前におぢばから、神殿やおやさとやかたのふしん、あるいは教勢倍加というたすけ一条の大目標が打ち出された。

それを受けて先人たちは、「ようっし！　今までの倍の心定めをするぞ」と覚悟のほどを決める。そこへ諭達が発布されるので、皆は諭達のお言葉の中からご守護をいただく道を必死に探し求めたのである。今の私たちとは比べものにならないほど、諭達の受け方、拝読の心構えに違いがあった。

教祖百年祭以降は大きなふしんはほとんど無くなった。それだけに今の私たちは一人ひとりが心定めをして、何としてもやり遂げるという腹を固めなくてはならない。それにはおつくしの信仰に徹することが一番であると確信する。先人たちはそのようにご年祭を勤めてきたのである。

おつくしをするためには、おたすけに誠真実の限りを尽くすことが不可欠となる。教祖のたすけ一条のひながたの道を懸命に辿るのである。

素朴に思案すると、年祭の旬は、教祖の親心とご苦労にお礼を申し上げ、ご恩にお報いする旬である。それがお道の伝統と言える。


（令和5年5月号　諭達を受けて）

冨松幹禎　とみまつ・もとよし

1944年桜井市生まれ。慶應義塾大学法学部法律学科卒業。天理教学生会初代委員長。本部布教部長、教化育成部長、青年会本部修練部長、少年会本部委員長、学生担当委員会委員長、よのもと会修練部長、奈良教区主事など歴任。2015年から2023年まで養徳社社長を務める。天理教櫻井大教会五代会長。天理教教会本部本部員。

おたすけ楽し―『陽気』巻頭言集―

令和7（2025)年1月26日　初版第1刷発行

著　者　冨松幹禎
発行所　図書出版 養徳社
〒632－0016 奈良県天理市川原城町388
電話 0743-62-4503　FAX 0743-63-8077
振替 00990－3－17694
http://yotokusha.co.jp
印刷所　（株）天理時報社
〒632－0083 奈良県天理市稲葉町80

ISBN 978－4－8426－0138－0
定価は表紙に表示してあります。